GU[ÍA]
FLORENCIA
2023-2024

BAILEY T. BRUNO

GUÍA DE VIAJE A FLORENCIA 2023-2024
Guía Esencial para Vivir la Ciudad
Como un Auténtico Florentino.

© Bailey T. Bruno
© E.G.P. Editorial

ISBN-13: 9798856952529

INTRODUCCIÓN

La belleza renacentista de Florencia, ciudad de míticas sagas y vibrante actualidad, te acoge con un sinfín de experiencias únicas. Su impresionante panorama arquitectónico, donde catedrales medievales y modernos edificios se mezclan en una intrigante contradicción, marca el inicio de un viaje inolvidable. Las múltiples facetas de esta ciudad se revelarán mientras te adentras en su emocionante mosaico de cultura y tradiciones.

Desde los susurros del pasado que vibran en los muros del Palazzo Vecchio hasta el dinamismo de sus zonas más contemporáneas como el Oltrarno, la capital toscana es un festín para los sentidos. Visita el animado mercado de San Lorenzo, maravíllate ante la grandeza de la Catedral de Santa María del Fiore o contempla una obra maestra de Botticelli en la Galería Uffizi.

La vida nocturna de la ciudad, desde sus históricas enotecas hasta los bares más modernos, te invita a descubrir por qué Florencia nunca pierde su encanto. Y no olvides pasear por los jardines de la ciudad, verdaderos santuarios de paz en medio de la vida urbana.

Esta guía está diseñada para ayudarte a descubrir los tesoros escondidos y los encantos reconocidos de esta ciudad, para que puedas vivir tu propia aventura florentina.

Ya seas un apasionado de la historia, un entusiasta del arte, un aficionado a la gastronomía o simplemente un viajero curioso, este lugar tiene algo especial reservado para ti. Bienvenido a la inolvidable travesía que es Florencia.

INDICE

LA CIUDAD DE FLORENCIA

La Historia

Al caminar por las serpenteantes calles de Florencia, Italia, es imposible no sentirse transportado por una especie de máquina del tiempo que revela ante tus ojos la esencia misma del Renacimiento. La ciudad respira historia, arte y cultura en cada rincón, y cada piedra parece contar una historia que se remonta a milenios atrás.

Conocida como la cuna del Renacimiento, floreció durante los siglos XIV y XV, convirtiéndose en un hervidero de innovación artística y pensamiento humanista. Grandes mentes como Leonardo da Vinci, Miguel Ángel y Dante Alighieri dejaron su huella en esta encantadora ciudad, cuyas calles parecen galerías de arte al aire libre.

Pero la historia es mucho más que sus figuras icónicas. Su origen se remonta a la época romana, cuando fue fundada como una colonia en el año 59 a.C. Bajo el influjo de la poderosa familia Medici, que gobernó durante gran parte del Renacimiento, esta ciudad se transformó en una ciudad de influencia mundial. Los Medici eran grandes patrocinadores de las artes, y su legado todavía resplandece en la deslumbrante colección de arte que alberga la Galería Uffizi.

A medida que uno pasea por el Ponte Vecchio, ese puente de piedra adornado con tiendas que parece sacado de una pintura, es fácil imaginar los susurros y las risas de los comerciantes de la época medieval. Florencia es una ciudad donde el pasado y el presente coexisten en una armoniosa danza.

La impresionante Catedral de Santa María del Fiore, con su monumental cúpula diseñada por Filippo Brunelleschi, no solo domina el horizonte de la ciudad, sino que también simboliza la audacia y la creatividad que impulsaron a este lugar hacia nuevas alturas de esplendor. Subir los 463 escalones hasta la cima de la cúpula es un viaje a través de la historia, culminando en una vista panorámica que deja sin aliento.

Pero no es solo su legado renacentista. Sus calles y plazas están llenas de vida, con mercados vibrantes, cafés acogedores y talleres artesanales que mantienen vivas las tradiciones locales. En cada esquina hay una sorpresa esperando, ya sea una escultura olvidada, una iglesia escondida o un jardín secreto donde perderse en la reflexión.

Sus sabores también narran una historia rica y variada. Desde un simple plato de pasta hasta el más elaborado manjar, la cocina florentina es una experiencia gastronómica que no solo satisface el paladar, sino que también invita a explorar las tradiciones culinarias que han evolucionado a lo largo de los siglos.

Un viaje aquí es un viaje a través de los tiempos, donde cada callejuela, cada edificio y cada obra de arte son testigos de una historia rica y compleja que continúa inspirando a aquellos que buscan belleza, conocimiento y autenticidad. La ciudad te invita a ser parte de su historia, a perderse en sus callejones, a absorber su cultura y a enamorarse de su alma eterna. No es simplemente un destino turístico, es un encuentro con la historia viva.

La Cultura

En las orillas del río Arno, donde el espíritu de la renacentista Toscana parece haber dejado su huella en cada callejuela y plaza, florece una ciudad que no solo ha sido cuna de grandes maestros de la historia, sino que también se ha convertido en un santuario de arte y cultura: FLORENCIA.

Aquí, cada piedra narra una historia, cada edificio es un lienzo y cada sonido un eco de pasiones y creatividad que resuenan en el corazón de los amantes del arte. Esta mágica ciudad no se visita; se vive, se siente, se degusta. Y la cultura, omnipresente, nos guía por un laberinto de maravillas que parecen salidas de un sueño.

¿Cómo no perderse en la Galleria degli Uffizi, un auténtico tesoro de arte renacentista donde las obras de Botticelli, Leonardo y Miguel Ángel te invitan a una conversación silente pero intensa? Pasear por sus salas es como entrar en un diálogo con la historia, donde cada trazo, cada color, encierra una emoción única.

Y luego está el Ponte Vecchio, un puente que más que unir orillas, une épocas y sentimientos. Sus joyerías y tiendas parecen haber detenido el tiempo, y al caminar por él, la brisa del Arno susurra secretos que sólo la ciudad misma sabe contar.

Pero la cultura en esta ciudad no solo habla a través de sus pinturas y esculturas; también lo hace en sus plazas y cafés. La Piazza della Signoria es un escenario abierto donde la vida local se mezcla con la de los viajeros en una danza de sabores y sonrisas. Aquí, el arte del buen comer se eleva a la categoría de cultura. Los sabores de la región se entrelazan en platos que son, en sí mismos, una obra maestra.

Los acordes de una guitarra en una calle, el murmullo de una ópera en el Teatro della Pergola, o la vibrante energía de un concierto en vivo en alguna de sus plazas. La ciudad se convierte en una partitura que cada visitante interpreta a su manera.

Quizás la joya más brillante de este tesoro cultural sea la Catedral de Santa Maria del Fiore, conocida como el Duomo. Sus líneas y formas son una poesía arquitectónica que parece querer alcanzar el cielo. Subir sus escalones es una experiencia casi mística, una ascensión hacia una panorámica que parece abrazar la eternidad.

La cultura no es una experiencia pasiva; es un llamado, una invitación a sumergirse en una realidad donde cada detalle es una pincelada de una obra mayor. La ciudad misma es un museo viviente, una sinfonía inacabada, una poesía que se escribe con cada paso.

Ven y forma parte de este diálogo eterno con la belleza y la creatividad; Florencia te espera para revelarte sus secretos y hacer de tu viaje un capítulo inolvidable en el libro del arte y la cultura.

El Arte

Adéntrate en el corazón de la Toscana, con sus calles adoquinadas y sus puentes atemporales, te espera para sumergirte en un festín visual y espiritual de arte sin igual. Esta ciudad italiana no es solo un lugar, es una experiencia artística que conjuga el pasado y el presente, el genio y la creatividad.

Al cruzar el Ponte Vecchio, el puente más antiguo y pintoresco de la ciudad, uno puede sentir cómo el tiempo parece detenerse. La magnificencia del Renacimiento florentino se despliega ante tus ojos en cada esquina. Los maestros del arte, desde Leonardo Da Vinci hasta Michelangelo, han dejado huellas profundas en este tesoro cultural.

Camina hacia la Galería Uffizi, y las paredes te susurrarán historias de un pasado glorioso. Los frescos te observarán con miradas eternas mientras te pierdes entre las obras maestras que adornan sus salones. No es simplemente una galería, es una cápsula temporal que te transporta a la época dorada del humanismo y la belleza clásica.

En contraste con sus monumentos antiguos, también te invita a explorar su lado moderno y contemporáneo. El Museo del Novecento es un templo dedicado al arte del siglo XX, donde artistas innovadores como Morandi y De Chirico han dejado su impronta.

En las plazas y jardines, las esculturas parecen cobrar vida. La inigualable estatua de David en la Galleria dell'Accademia es un testamento de la habilidad humana para capturar la perfección en piedra. La emoción que transmite este coloso es tan palpable que casi puedes sentir el latir de su corazón pétreo.

Y si lo que buscas es mezclarte con la creatividad viva y vibrante, los talleres y estudios de artistas locales te abrirán sus puertas. Aquí, el arte no es un objeto distante en una vitrina; es algo que puedes tocar, sentir, y hasta crear tú mismo bajo la guía de maestros artesanos.

No olvides perder el rumbo en el mercado de San Lorenzo, donde el arte se funde con lo cotidiano. Desde cuero trabajado con destreza hasta papel florentino estampado con diseños tradicionales, cada objeto es una obra de arte en sí misma.

A través de sus calles, museos, plazas y puentes, serás parte de una obra maestra continua que ha estado en proceso durante siglos. Tus sentidos serán embriagados con belleza en cada rincón y volverás a casa con un pedazo de este sueño artístico grabado en tu alma.

Y así, con la luz dorada del atardecer reflejándose en el río Arno, dejarás atrás una ciudad que no se contenta con ser un simple museo, sino que sigue siendo un palpitante escenario donde el arte respira, crece y te invita a ser parte de él. Florencia no es solo un destino; es una experiencia que te cambia y te enriquece, mostrándote la sublime unión de lo terrenal y lo divino a través de la belleza inmortal del arte.

La Arquitectura

Al caminar por las calles empedradas, la primera parada obligatoria es la magnífica Catedral de Santa María del Fiore, conocida localmente como Il Duomo. Esta obra maestra gótica, con su cúpula diseñada por Filippo Brunelleschi, sobrecoge por su grandeza y detalle. La vista desde lo alto de la cúpula ofrece una panorámica inigualable de una ciudad que parece detenida en el tiempo.

No lejos de allí, el Palazzo Vecchio despliega su elegancia en la famosa Piazza della Signoria. Como símbolo de poder y arte, este palacio fortificado atesora frescos y esculturas, dialogando con la historia política y cultural. Su torre, que domina el paisaje, invita a explorar las salas adornadas, donde cada rincón cuenta una parte vital de la rica historia toscana.

El arte y la arquitectura convergen en la Galería Uffizi, un laberinto de belleza y creatividad. Diseñada por Giorgio Vasari, este complejo es más que un edificio; es un tributo a la genialidad humana, un abrazo a la inspiración que fluye por las salas repletas de obras maestras.

Más allá de los grandes monumentos, su encanto arquitectónico se encuentra en sus plazas, calles y puentes. El Ponte Vecchio, con sus tiendas colgando sobre el río Arno, es un emblema de la originalidad y función florentina, un lugar donde la vida y el arte se funden en un abrazo eterno.

Caminar por los barrios menos conocidos también revela tesoros ocultos: palacios renacentistas, iglesias con fachadas ornamentadas y plazas sombrías donde la vida local fluye con una gracia apacible.

La arquitectura florentina no es solo un destino turístico; es una experiencia, una invitación a perderse y encontrarse en un paisaje urbano que desafía la imaginación, atrapa el corazón y se queda grabado en el alma para siempre.

La Gente

Empapada en arte, historia y una cultura de refinamiento inigualable, la ciudad Italiana, no sería nada sin su gente. Los habitantes de esta ciudad toscana constituyen la esencia misma de su encanto, una melodía humana que resonará en tu corazón mucho después de haber regresado a casa.

Aquí, el arte no es una profesión sino un estilo de vida. Los florineses, con sus manos hábiles y mirada profunda, heredan la pasión de los grandes maestros como Leonardo y Miguel Ángel. Sus gestos elegantes y su amor por la estética se reflejan en cada esquina, ya sea en un florista cuidadosamente arreglando un ramo, o en un sastre cortando a medida la tela de un traje.

La ciudad misma parece respirar al unísono con sus ciudadanos. Pasea por las calles y serás testigo de escenas cotidianas que capturan su verdadera esencia. Aquí un grupo de amigos, riendo juntos en una terraza, allá un anciano jugando al ajedrez en una plaza, todos sumidos en conversaciones llenas de vida y sabiduría.

En los mercados locales, como el famoso Mercato Centrale, los comerciantes te saludan con una sonrisa cálida y genuina, ofreciéndote lo mejor de la región. Ya sea un tomate jugoso o un queso fresco, cada producto es una oda a la Tierra y a la tradición. La habilidad con la que preparan y presentan estos manjares es una obra maestra en sí misma, reflejo de una herencia culinaria rica y diversa.

Por las noches, se transforma en un teatro donde la gente se convierte en protagonista. Los jóvenes se reúnen en las plazas y a lo largo del río Arno, mientras que las melodías de músicos callejeros llenan el aire con notas que parecen extraídas de una ópera. Las risas y las voces se entrelazan en una sinfonía de alegría y camaradería que te invita a unirte.

Los florineses entienden el arte de vivir. Su conexión con la belleza, ya sea en la forma de un cuadro o una comida compartida, es una invitación constante a detenerse y apreciar el momento. Cada gesto es un gesto de amor, y cada palabra, un verso de poesía.

La vida en la ciudad es un baile perpetuo, una celebración de lo humano en su forma más hermosa y genuina. Te encontrarás atrapado en su ritmo, llevado por las emociones que suscitan sus calles y su gente. Una visita a esta ciudad no te dejará indiferente; te llevará a un lugar en tu corazón donde la belleza y la bondad residen en perfecta armonía.

La Geografía

La geografía se despliega como una obra maestra, adornada con colinas onduladas y atravesada por el río Arno, cuyas aguas, serenas y constantes, reflejan la vitalidad y el encanto de la ciudad. Los famosos puentes, como el Ponte Vecchio, sirven como enlaces entre los barrios antiguos y nuevos, creando un laberinto de calles llenas de historia y cultura.

A medida que uno se aleja del centro, las vistas se abren para revelar los paisajes vírgenes de la Toscana. Los senderos de las colinas cercanas invitan a caminatas tranquilas, ofreciendo vistas sin igual de la ciudad y sus alrededores.

El lado occidental está dominado por los Montes Apeninos, que regalan un contraste espectacular con el paisaje urbano. Los imponentes picos y los valles frondosos sirven como un majestuoso telón de fondo, dando una variedad de actividades al aire libre, desde el senderismo hasta el esquí en invierno.

La topografía es tan variada como cautivadora, también ha influido en la arquitectura y el diseño de la ciudad. Las calles se estrechan y se ensanchan, suben y bajan, creando una coreografía urbana única. Los edificios, muchos de los cuales datan de la época medieval y renacentista, se erigen con una dignidad y elegancia que hablan de su rica historia.

Los famosos Jardines de Boboli, están diseñados para brindar respiro y belleza en medio del bullicio de la ciudad. Los cipreses y pinos mediterráneos, junto con las fuentes y estatuas, crean oasis de tranquilidad donde los visitantes pueden perderse en la contemplación y el disfrute.

La geografía no es simplemente un fondo; es una presencia viva y vibrante que interactúa con la gente, la cultura y la historia. La ciudad y su entorno se entrelazan en una danza eterna que enamora y seduce a quienes tienen la fortuna de experimentarla.

El Clima

Imagine pasear por las serpenteantes calles de esta majestuosa ciudad en primavera. La brisa susurra misterios a través de las ramas de los cipreses y los campos verdes a las afueras se despiertan con flores multicolores. Los días comienzan a prolongarse y las temperaturas, amables y clementes, invitan a explorar los tesoros arquitectónicos y artísticos sin prisa. La primavera se convierte en un cortejo elegante, una promesa susurrada en el oído de los amantes de la historia, la cultura y la gastronomía.

Luego llega el verano, y con él, una explosión de vida y color. Los días se estiran perezosos bajo un sol radiante, y la ciudad se llena de la vibrante energía de festivales y mercados al aire libre. Los aromas de la cocina toscana se mezclan con el aire cálido, mientras las plazas y jardines invitan a relajarse con una copa de Chianti. A pesar de que las temperaturas pueden elevarse, las noches regalan una frescura que invita a pasear bajo un cielo estrellado.

El otoño se viste con una paleta de colores cálidos. Las hojas de los árboles centenarios se tiñen de oro y cobre, y el clima se vuelve más suave y melancólico. Las multitudes estivales se disipan, y la ciudad ofrece un escenario más íntimo para descubrir. Es la temporada de la vendimia, donde los campos cercanos se llenan de actividad y la promesa de un nuevo vino toma forma. Los días son más cortos pero aún cálidos, y las noches tienen ese toque crujiente que anticipa la llegada del invierno.

El invierno es suave y reflexivo. Aunque las temperaturas pueden descender, rara vez alcanzan niveles gélidos. Las colinas cercanas pueden vestirse de blanco, ofreciendo un fondo pintoresco para las catedrales y palacios de la ciudad. Las calles, menos concurridas, susurran secretos de siglos pasados, y los cafés y restaurantes se vuelven refugios acogedores donde disfrutar de un capuccino o una comida sustanciosa.

Como un lienzo que se transforma con las manos del tiempo, esta ciudad te llama a sumergirte en su clima y a dejarte llevar por la cadencia de su pulso único. No es solo un destino; es una experiencia viviente, un diálogo constante con sus visitantes, que seduce y enamora a quienes se aventuran a conocerla.

Cómo Llegar a Florencia

Para los amantes del aire, Florencia abre las puertas de su aeropuerto internacional, Amerigo Vespucci. Al descender del avión, los viajeros se encuentran inmersos en una oda a la modernidad, equilibrada con destellos de tradición. Hay autobuses que, como esculturas móviles, te conducirán al corazón de la ciudad en menos de media hora, mientras que un taxi te permitirá sumergirte en el paisaje urbano a tu propio ritmo.

Si eliges el ferrocarril como tu carruaje de acero, la estación Santa Maria Novella te espera como una joya arquitectónica del siglo XIX. Los trenes, artistas de la velocidad, conectan la ciudad con las principales ciudades italianas, regalando a los pasajeros vistas panorámicas de la campiña Toscana, con sus ondulantes colinas y viñedos, como pinceladas en una obra maestra.

Para los románticos del asfalto, la carretera es un lienzo en blanco. Viajar en coche por la serpenteante red de autopistas italianas es una oportunidad para conectar con el paisaje en cada curva, cada colina y cada valle. Pero ten cuidado, el tráfico puede ser un ballet caótico, y encontrar estacionamiento es como buscar una aguja en un pajar de oro.

Para aquellos que quieran añadir un toque de aventura y sostenibilidad, la bicicleta es la elección perfecta. A lo largo de la Toscana hay rutas diseñadas para los amantes de las dos ruedas, caminos que serpentean a través de viñedos y olivares, ofreciendo una forma íntima y ecológica de llegar a la ciudad.

Los taxis acuáticos del Arno te susurrarán secretos de amores antiguos, mientras los tranvías te llevarán por un viaje a través del tiempo.

Aquí, en el corazón de la Toscana, todo medio de transporte es un preludio de la sinfonía cultural que es Florencia. Cada opción te brinda una perspectiva única, una experiencia diferente, una nueva historia para contar. Entonces, ¿cómo te gustaría llegar? La elección es tuya, pero no importa el camino que tomes, La ciudad te espera con su eterna danza de belleza y tradición.

ITINERARIOS EN FLORENCIA

Itinerario 1
El Renacimiento Florentino

- **Día 1: Museo de la Academia** - Inicia tu viaje al corazón del Renacimiento italiano con una visita al Museo de la Academia, hogar de la mundialmente famosa estatua de David de Miguel Ángel.

- **Día 2: Uffizi Gallery** - Continúa tu inmersión en el arte renacentista en la Galería Uffizi, que alberga una impresionante colección de obras maestras de grandes artistas como Botticelli y Da Vinci.

- **Día 3: Palazzo Pitti** - Explora el Palazzo Pitti, una magnífica residencia de los Medici, que ahora alberga varias galerías de arte y jardines históricos.

- **Día 4: Santa Maria del Fiore**- Termina tu viaje con una visita a la catedral de Santa Maria del Fiore, una joya arquitectónica con su famosa cúpula diseñada por Brunelleschi.

Itinerario 2
La Gourmet de Florencia

- **Día 1: Mercato Centrale** - Sumérgete en el Mercato Centrale para un festín de sabores locales y una auténtica experiencia culinaria.

- **Día 2: Chianti Wine Tour-** Realiza un recorrido vinícola por la región del Chianti, famosa por sus vinos tintos, con paradas en las mejores bodegas de la región.

- **Día 3: Clase de Cocina** - Participa en una clase de cocina para aprender a hacer auténticas pastas y salsas italianas.

- **Día 4: Gelaterias Tour** - Despídete de la ciudad con un tour por las mejores heladerías de la ciudad, cada una ofreciendo su propio sabor único de gelato.

Itinerario 3
Florencia al Aire Libre

- **Día 1: Jardines de Boboli** - Comienza tu día en Vondelpark, el pulmón verde de la ciudad. Luego, visita el histórico zoológico de Artis.

- **Día 2: Piazzale Michelangelo -** Descubre el Jardín Botánico de Ámsterdam y luego explora el antiguo HortusBotanicus, uno de los jardines botánicos más antiguos del mundo.

- **Día 3: Paseo por el Arno -** Disfruta de un relajante paseo o un viaje en bote a lo largo del río Arno, con vistas a algunos de los mejores paisajes de la ciudad.

- **Día 4: Cascine Park -** Termina tu visita con un día en el Parco delle Cascine, el parque más grande de la ciudad, perfecto para un picnic o un paseo en bicicleta.

Itinerario 4
Florencia Oculta

- **Día 1: La Farmacia de Santa Maria Novella -** Visita la Farmacia de Santa Maria Novella, una joya escondida llena de encanto y con productos de belleza de lujo.

- **Día 2: Museo de San Marco** - Pasa el día en el Museo de San Marco, hogar de una impresionante colección de arte religioso renacentista.

- **Día 3: Quartiere di Oltrarno** - Explora el Quartiere di Oltrarno, una zona menos turística, conocida por sus tiendas de artesanía y restaurantes locales.

- **Día 4: Rose Garden** - Termina tu viaje con una visita al tranquilo Rose Garden, que ofrece vistas panorámicas de la ciudad y una variedad de hermosas rosas.

Itinerario 5: Florencia Romántica

- **Día 1: Paseo en Carroza** - Empieza tu viaje romántico con un paseo en carroza por el centro histórico.

- **Día 2: Ponte Vecchio** - Visita el famoso Ponte Vecchio, el puente más antiguo de la ciudad, ideal para una caminata romántica al atardecer.

- **Día 3: Cena a la luz de las velas** - Reserva una cena a la luz de las velas en uno de los muchos restaurantes románticos.

- **Día 4: Fuente de Neptuno** - Concluye tu visita con un paseo hasta la Fuente de Neptuno en la Piazza della Signoria, un lugar perfecto para un último brindis en esta ciudad eternamente encantadora.

TURES A PIE POR FLORENCIA

Tour a Pie 1
Paseo Renacentista

Punto de inicio: Palazzo Vecchio

1. **Palazzo Vecchio:** Embarcate en tu aventura en el corazón de Florencia, en la emblemática plaza Piazza della Signoria. Aquí se encuentra el Palazzo Vecchio, un palacio fortificado que es un símbolo del poder civil. Disfruta de la arquitectura y la historia renacentista.

2. **Galería Uffizi (15 minutos a pie, 1.1 km):** Continúa hacia el este hasta llegar a la Galería Uffizi, una de las galerías de arte más famosas del mundo. Aquí podrás admirar una colección impresionante de obras maestras del Renacimiento.

3. **Ponte Vecchio (5 minutos a pie, 400 metros):** Camina hacia el sur hasta el Ponte Vecchio, el puente medieval más antiguo. Sus tiendas y su estructura

única brindan una vista pintoresca del río Arno.

4. **4. Palacio Pitti (10 minutos a pie, 700 metros):** Dirígete al sur hasta el Palacio Pitti, una gran joya renacentista que alberga varios museos y galerías. No te pierdas los Jardines Boboli, un paraíso verde lleno de esculturas.

5. **Basílica de Santo Spirito (15 minutos a pie, 1 km):** Termina tu tour en la Basílica de Santo Spirito, un ejemplo exquisito de arquitectura renacentista. La simplicidad y la elegancia de la basílica son una joya oculta en la vibrante Oltrarno.

Tour a Pie 2
Sabores de Florencia

Punto de inicio: Mercato Centrale

1. **Mercato Centrale:** Empieza tu jornada gastronómica en el Mercato Centrale, donde encontrarás delicias locales frescas. Prueba quesos, embutidos y panes toscanos.

2. **Via de' Neri (10 minutos a pie, 800 metros):** Camina hacia el oeste hasta Via de' Neri, conocida por sus tiendas de comida gourmet. Haz una parada en una gelatería para disfrutar del famoso helado italiano.

3. **Piazza della Repubblica (10 minutos a pie, 800 metros):**Continúa hacia la Piazza della Repubblica y disfruta de un café en uno de los históricos cafés. Observa la vida local mientras degustas un espresso.

4. **Mercato di Sant'Ambrogio (15 minutos a pie, 1.2 km):** Dirígete al este hasta el Mercato di Sant'Ambrogio, un mercado más auténtico donde los lugareños compran sus productos frescos. Ideal para experimentar la verdadera Florencia.

5. **Piazzale Michelangelo (25 minutos a pie, 2 km):** Concluye tu tour con una cena en un restaurante cercano a Piazzale Michelangelo, seguido de un paseo hasta este mirador.

Tour a Pie 3
Tesoros Artísticos

Punto de inicio: Catedral de Santa Maria del Fiore

1. **Catedral de Santa Maria del Fiore:** Inicia este tour artístico en la imponente catedral, conocida como Il Duomo. La cúpula de Brunelleschi es una obra maestra de la ingeniería y un símbolo de esta imponente ciudad.

2. **Museo de la Ópera del Duomo (5 minutos a pie, 350 metros):** Caminando hacia el norte, llega al Museo de la Ópera del Duomo. Aquí encontrarás arte sacro y elementos originales de la catedral.

3. **Galería de la Academia (10 minutos a pie, 800 metros):** Continúa hacia el norte hasta la Galería de la Academia, hogar del famoso David de Miguel Ángel. Esta escultura es un icono del arte renacentista.

4. **Iglesia de Santa Maria Novella (15 minutos a pie, 1.2 km):** Dirígete al oeste hacia la Iglesia de Santa Maria

Novella, una joya del arte gótico y renacentista.

5. **Palazzo Strozzi (5 minutos a pie, 400 metros):** Cierra tu tour en el Palazzo Strozzi, donde encontrarás exposiciones contemporáneas en un entorno renacentista. Un matrimonio perfecto entre lo antiguo y lo nuevo.

Tour a Pie 4
La Vida de los Medici

Punto de inicio: Capilla de los Medici

1. **Capilla de los Medici:** Inicia en la Capilla de los Medici, un mausoleo que alberga las tumbas de la poderosa familia Medici. La capilla es una obra maestra del arte y la arquitectura.

2. **Palazzo Medici Riccardi (5 minutos a pie, 400 metros):** Pasea hacia el este hasta el Palazzo Medici Riccardi, una antigua residencia de la familia Medici. Sus frescos y arquitectura son un testimonio del poder y la riqueza.

3. **Iglesia de San Lorenzo (5 minutos a pie, 350 metros):** Continúa hacia el

norte hasta la Iglesia de San Lorenzo, otra obra maestra relacionada con los Medici. Aquí encontrarás arte y diseño sobresaliente.

4. **Jardín de los Simples (15 minutos a pie, 1.2 km):** Dirígete al este hasta el Jardín de los Simples, el jardín botánico más antiguo de Italia. Aquí los Medici cultivaban plantas medicinales.

5. **Villa Medici en Fiesole (20 minutos en autobús, 8 km):** Concluye tu tour en la Villa Medici en Fiesole. La villa ofrece una vista panorámica y un vistazo a la vida de lujo de los Medici.

Tour a Pie 5
Florencia Moderna y Contemporánea

Punto de inicio: Stazione Leopolda

1. **Stazione Leopolda:** Empieza en la Stazione Leopolda, un antiguo edificio ferroviario reconvertido en espacio para eventos. Aquí se celebran ferias, exposiciones y espectáculos modernos.

2. **Parque de las Cascine (15 minutos a pie, 1.2 km):**Pasea hacia el oeste hasta

el Parque de las Cascine, el parque público más grande. Disfruta de la naturaleza y las actividades recreativas modernas.

3. **Teatro del Maggio Musicale Fiorentino (10 minutos a pie, 800 metros):** Dirígete al sur hasta el Teatro del Maggio Musicale Fiorentino, el principal teatro de ópera de la ciudad. Su arquitectura y acústica son asombrosas.

4. **Biblioteca de las Oblatas (15 minutos a pie, 1.2 km):** Camine al este hasta la Biblioteca de las Oblatas, un ejemplo de arquitectura moderna. Es un centro de cultura contemporánea y un punto de encuentro local.

5. **Cúpula del Arnolfo en la Terraza de la Galería de los Uffizi (20 minutos a pie, 1.6 km**Finaliza tu recorrido en la Cúpula del Arnolfo, un bar en la terraza con una vista impresionante de la ciudad. Un lugar perfecto para reflexionar sobre la Florencia moderna y contemporánea.

TOUR DE 7 DIAS EN FLORENCIA

Día 1
Llegada y aclimatación

Desde allí, puedes tomar un taxi o un autobús hasta tu alojamiento en el centro de la ciudad. Después de instalarte, sal a dar un paseo por el centro histórico para tener una primera impresión de la ciudad. Observa la impresionante arquitectura de la catedral del Duomo y visita la Piazza della Signoria, que alberga una serie de estatuas icónicas. Cene en uno de los restaurantes locales y pruebe la auténtica cocina toscana.

Día 2
Duomo y Centro Histórico

Empieza tu día visitando la impresionante Catedral de Santa María del Fiore, más conocida como el Duomo. Asegúrate de subir al campanario para obtener una vista impresionante de la ciudad. Después, visita el Baptisterio y el Museo dell'Opera del Duomo. Por la tarde, dirígete al Palazzo Vecchio y la Galería Uffizi, uno de los museos más famosos de Italia que alberga obras maestras de artistas como Botticelli y da Vinci.

Día 3
Piazzale Michelangelo y Jardines

Inicia tu día con un paseo hasta Piazzale Michelangelo. Luego, visita la Iglesia de San Miniato al Monte, una joya escondida de la arquitectura románica. Después, pasea por los Jardines de Boboli y visita el Palacio Pitti. Si tienes tiempo, considera visitar la Galería Palatina y la Galería de Arte Moderno dentro del palacio.

Día 4
Santa Croce y Santissima Annunziata

Visita la Basílica de Santa Croce, donde están enterrados personajes como Michelangelo y Galileo. Cerca de allí, se encuentra el Museo de Bargello, famoso por su colección de esculturas renacentistas. Por la tarde, dirígete a la Plaza de la Santissima Annunziata y visita la iglesia homónima. No te pierdas el Museo Arqueológico Nacional de Florencia, que tiene una impresionante colección de antigüedades egipcias y etruscas.

Día 5
Oltrarno y Ponte Vecchio

Explora el barrio de Oltrarno, famoso por sus talleres de artesanos y su vibrante vida nocturna. Visita la Iglesia de Santo Spirito y la Capilla Brancacci. Por la tarde, camina por el famoso Ponte Vecchio y visita algunas de las joyerías y tiendas que lo adornan. Termina el día con una cena en uno de los restaurantes junto al río.

Día 6
Excursión a Fiesole

Toma un autobús a la pequeña ciudad de Fiesole y sus alrededores. Aquí, puedes visitar el Teatro Romano, las Termas Romanas y el Museo Arqueológico. Regresa a Florencia por la tarde y pasa el resto del día a tu ritmo.

Día 7
Últimas compras y despedida

Pasea por el Mercado Central para comprar algunos recuerdos o productos locales. Después, visita cualquier lugar que te hayas perdido o simplemente disfruta de un último paseo por la ciudad. Dirígete al aeropuerto a tiempo para tu vuelo de regreso.

Espero que este itinerario te ayude a planificar tu viaje. Esta ciudad cuenta con una rica cantidad de historia y cultura, y estoy seguro de que disfrutarás de tu tiempo allí.

EL MEJOR MOMENTO PARA VISITAR FLORENCIA

Primavera

La joya renacentista de Italia, resplandece con una belleza única durante la primavera. Los días más largos y las temperaturas agradables invitan a los visitantes a explorar la ciudad en su máximo esplendor. Aquí te ofrecemos una guía imprescindible para aprovechar al máximo una visita a esta magnífica ciudad en la estación más vibrante del año.

Comienza tu aventura en la Piazza del Duomo. Aquí, en el Duomo de Santa Maria del Fiore, con su cúpula imponente, te invita a explorar su interior o, para los más aventurados, a escalar a la cima y disfrutar de unas vistas inigualables de la ciudad.

No muy lejos de allí, la Galería Uffizi te espera con su incomparable colección de arte renacentista. Para evitar las largas colas, es recomendable reservar entradas con anticipación. Dedica tiempo a sumergirte en las obras maestras de Botticelli, Leonardo da Vinci y Miguel Ángel, y siente cómo la historia cobra vida en cada trazo y color.

A medida que el sol empieza a calentar, dirígete hacia los Jardines de Boboli. Esta extensa área verde, ubicada detrás del Palacio Pitti, es el lugar perfecto para un paseo relajante o un tranquilo picnic. Las estatuas y fuentes que adornan el jardín te transportarán a otra época, mientras las flores en plena floración añaden un toque de color y fragancia a la experiencia.

La primavera también significa disfrutar de su rica gastronomía. Prueba el gelato de una de las heladerías locales, donde los sabores frescos y naturales celebran la llegada de la temporada. Para una comida más sustanciosa, visita una trattoria y saborea platos típicos como la ribollita o el bistecca alla fiorentina, acompañados de un vino local.

El Ponte Vecchio, el puente más famoso de la ciudad, es otro punto de interés que no debes pasar por alto. Explora las pequeñas tiendas de joyería y artesanía mientras paseas por este histórico puente, y no olvides detenerte a contemplar el reflejo dorado del sol sobre el río Arno.

Si eres amante del arte contemporáneo, el Palacio Strozzi ofrece exposiciones temporales que contrastan y complementan las colecciones más clásicas de la ciudad. Un paseo por este espacio te proporcionará una perspectiva moderna de la rica tradición artística.

La ciudad también ofrece una vida nocturna vibrante y elegante. Disfruta de una copa en uno de los bares de la azotea y déjate cautivar por las vistas panorámicas de la ciudad bajo las estrellas. La música en vivo y los eventos culturales abundan durante la primavera, ofreciendo opciones para todos los gustos.

Al planificar tu viaje, ten en cuenta que la primavera puede traer lluvias ocasionales. Un paraguas compacto y calzado cómodo son esenciales para explorar sin contratiempos. Además, aunque los días sean cálidos, las noches pueden ser frescas, así que asegúrate de empacar algo de abrigo.

En primavera es un destino lleno de vitalidad y encanto. Cada calle y plaza vibra con una energía rejuvenecedora que refleja la belleza de esta época del año. Sigue estas recomendaciones y te aseguramos que tu experiencia será tan rica y variada. Descubre, degusta y déjate enamorar por una ciudad que combina su glorioso pasado con la promesa de un presente apasionante.

Verano

Visitar esta ciudad durante el verano es sumergirse en un ambiente mágico, donde el sol brilla sobre las calles empedradas y los edificios históricos revelan siglos de herencia cultural.

Comencemos por el famoso Duomo, la catedral que se erige majestuosamente en el corazón de la ciudad. Durante los cálidos meses de verano, es posible escalar a su cima y disfrutar de una vista panorámica inigualable. No olvides llevar una botella de agua, pues la escalada puede ser un poco exigente, pero la recompensa es simplemente espectacular.

Cerca del Duomo, encontrarás la Piazza della Signoria, un enclave vivo de la historia y la cultura florentina. Aquí puedes deleitarte con las esculturas al aire libre mientras disfrutas de un delicioso gelato. Hablando de sabores, es imperdible una visita al Mercato Centrale, donde los aromas y sabores locales se mezclan en un festín para los sentidos.

Los jardines son un aspecto destacado de la ciudad en verano, y los Jardines de Boboli son un testimonio perfecto de la belleza del diseño paisajístico italiano. Pasea por sus senderos sinuosos y encuentra un lugar tranquilo para hacer un picnic. No olvides llevar una sombrilla o un sombrero, ya que el sol de la Toscana puede ser bastante fuerte.

Una visita a Florencia no estaría completa sin explorar sus tesoros artísticos. La Galería Uffizi es un must para los amantes del arte, con obras de maestros como Botticelli y

Leonardo da Vinci. En verano, es recomendable reservar las entradas con antelación para evitar las largas colas.

Si el calor del día se vuelve demasiado intenso, una opción refrescante es disfrutar de un paseo en bote por el río Arno. Desde el agua, puedes apreciar la ciudad desde una perspectiva única, pasando bajo los famosos puentes, como el Ponte Vecchio, y contemplando las fachadas renacentistas.

La gastronomía es otra experiencia inolvidable. Los restaurantes locales sirven platos tradicionales, como la 'bistecca alla fiorentina', acompañada de un vino Chianti fresco. Si quieres vivir una experiencia culinaria auténtica, considera asistir a una clase de cocina en la que puedas aprender a preparar estos deliciosos platos por ti mismo.

El verano también trae consigo una serie de festivales y eventos al aire libre. Desde conciertos nocturnos en las plazas hasta mercados de antigüedades en las calles, hay algo para cada tipo de viajero.

Un consejo final: no te apresures. Florencia es una ciudad para ser saboreada,

explorada y disfrutada a un ritmo pausado.
Pasea por las calles, encuentra un café oculto,
lee un libro en una plaza sombreada o
simplemente siéntate a observar a la gente
pasar.

Una visita en verano es una experiencia
enriquecedora que ofrece algo para todos. Ya
sea que te interesen el arte, la historia, la
gastronomía o simplemente disfrutar de la
belleza de una ciudad única, te espera con los
brazos abiertos y el sol brillando sobre sus
doradas cúpulas y colinas verdes.

Otoño

Uno de los encantos más grandes en otoño
es su vibrante paleta de colores. Las hojas
doradas y rojizas en los árboles que rodean el
famoso Ponte Vecchio, junto con la brisa
fresca, proporcionan una atmósfera perfecta
para pasear y sumergirse en la cultura local.

Inicia tu visita explorando la plaza
principal, la Piazza della Signoria. Aquí
encontrarás esculturas icónicas y el
imponente Palazzo Vecchio. No te pierdas la
oportunidad de ver una puesta de sol desde la
Loggia dei Lanzi; los cálidos rayos dorados

sobre las esculturas de mármol son verdaderamente hipnotizantes.

La Galería Uffizi, hogar de algunas de las obras maestras más renombradas del Renacimiento, es una visita obligada. En otoño, las multitudes suelen ser más pequeñas, permitiendo una experiencia más íntima y personal. Asegúrate de reservar tus entradas con antelación para evitar las colas.

Para los amantes de la gastronomía, el otoño florentino es un sueño hecho realidad. Las trufas frescas están en temporada, y muchos restaurantes locales las incorporan en sus menus. Sumérgete en una degustación de vino en una de las tantas bodegas históricas, y disfruta de los sabores robustos y complejos que proporcionan las viñas toscanas.

Si buscas un escape tranquilo, los Jardines de Boboli son la serenidad perfecta. Recorre los senderos rodeados de estatuas y fuentes, y disfruta de un picnic en medio de la belleza otoñal. Los suaves tonos del paisaje y el aire fresco y claro te invitarán a una reflexión tranquila.

Para los amantes del comercio, Florencia ofrece una variedad de mercados, como el Mercato Centrale, donde puedes encontrar delicias locales y productos frescos. Prueba un bocadillo de lampredotto, una especialidad local, mientras exploras los puestos y te sumerges en la vida cotidiana.

No dejes de visitar el Duomo, una de las catedrales más grandes del mundo. Su cúpula, diseñada por Filippo Brunelleschi, es una maravilla de la ingeniería y ofrece una vista impresionante de la ciudad. Sube los 463 escalones, y el esfuerzo será recompensado con una vista panorámica que solo se ve mejorada por los colores del otoño.

En otoño también es sinónimo de festivales y eventos culturales. Asegúrate de investigar qué eventos locales están ocurriendo durante tu visita, ya que puede haber conciertos, exposiciones o festivales de comida que te brinden una auténtica experiencia florentina.

En términos de alojamiento, la ciudad ofrece una variedad de opciones para todos los gustos y presupuestos. Desde hoteles boutique hasta acogedores bed and breakfast, puedes encontrar el lugar perfecto para descansar después de un día explorando.

A la hora de empacar, recuerda que el clima en otoño puede ser impredecible. Lleva ropa en capas y no olvides un buen par de zapatos para caminar.

Con su mezcla de arte, cultura, gastronomía y belleza natural, ofrece algo para cada viajero. Ya sea que te deleites en la contemplación de obras maestras artísticas, disfrutes de la buena mesa o simplemente te pierdas en las serpenteantes calles medievales.

Invierno

El corazón latente del Renacimiento, se transforma en una experiencia única durante los meses invernales. Lejos de las aglomeraciones estivales, la ciudad ofrece un espectáculo sereno y romántico, adornado por la bruma mañanera y las luces tenues que reflejan en el río Arno.

Uno de los grandes placeres de visitar esta ciudad en invierno es la oportunidad de explorar sus museos y galerías sin las largas colas habituales. La Galería Uffizi, hogar de algunas de las obras maestras más famosas del mundo, es aún más impactante cuando se puede pasear por sus salones con tranquilidad. Aquí, los visitantes pueden sumergirse en las maravillas del arte renacentista de maestros como Botticelli y Da Vinci.

No muy lejos de allí, la imponente Catedral de Santa María del Fiore, o el Duomo como se le conoce comúnmente, se alza sobre la ciudad. Durante el invierno, el clima fresco proporciona una escalada cómoda a su cúpula, diseñada por Brunelleschi.

Si lo que buscas es sumergirte en la auténtica vida florentina, los mercados locales regalan una experiencia encantadora. En el Mercado Central, los aromas del café recién hecho y de las trufas se mezclan con el bullicio de los lugareños comprando productos frescos. Probar un bocadillo de lampredotto, una especialidad local, es una experiencia que no debes perderte.

En los restaurantes típicos, puedes degustar platos reconfortantes como la ribollita, una sopa espesa de pan y verduras, o un bistecca alla fiorentina, cocinada a la perfección junto a una chimenea crepitante.

Las calles adoquinadas te invitan a paseos melancólicos bajo la luz de las farolas. El Ponte Vecchio, con sus joyerías centenarias, brilla con una luz dorada y el Piazzale Michelangelo ofrece vistas sublimes de la ciudad mientras el sol se pone detrás de las colinas toscanas.

En cuanto a la vestimenta, es recomendable llevar abrigo, guantes y bufanda, ya que las temperaturas pueden ser bajas. El clima puede variar, así que una sombrilla también puede ser útil. Además, no olvides un buen calzado, ya que las calles pueden ser resbaladizas.

Para aquellos que buscan una experiencia de compras única, enero brinda las rebajas de invierno en las boutiques y tiendas de diseñadores, donde los amantes de la moda pueden encontrar auténticas gangas.

Por último, para sumergirse en la vida cultural florentina, asistir a una ópera o concierto en el Teatro del Maggio Musicale Fiorentino es una oportunidad inigualable. La temporada de invierno suele presentar una programación rica y variada que resuena en la fría noche con una melodía inolvidable.

Visitar Florencia en invierno es elegir la tranquilidad, la autenticidad y el romance. Es una oportunidad para conectar con el corazón de una ciudad que, lejos de dormirse en la temporada fría, se muestra íntima y acogedora, permitiendo a los visitantes descubrir sus tesoros ocultos y sus rincones más secretos, todo bajo el embrujo invernal de una de las ciudades más bellas del mundo.

CÓMO MOVERSE EN FLORENCIA

Navegar por las callejuelas empedradas y las plazas amplias, puede ser tan embriagador como un vaso de Chianti bien envejecido. Pero para aprovechar al máximo su aventura toscana, aquí hay algunas recomendaciones vitales sobre cómo moverse por esta joya del Renacimiento de manera segura y eficiente.

Viajar a Pie

Caminar por Florencia es más que un medio de transporte; es una experiencia sensorial. Los aromas de las trattorias locales y los sonidos del italiano flotan por el aire mientras paseas por las vías estrechas. Aunque caminar es la manera más íntima de explorar, es importante tener un mapa (ya sea físico o digital) a mano. Los nombres de las calles pueden cambiar en la intersección siguiente, y el laberinto de calles puede ser confuso.

Use zapatos cómodos y tenga cuidado con las motos y bicicletas que a menudo se deslizan sigilosamente por las calles estrechas. Cruce siempre en las zonas señalizadas y manténgase atento a los conductores apresurados.

Transporte Público

Si tus piernas necesitan un descanso la ciudad nos ofrece una red de autobuses eficiente. Compra los boletos con antelación en quioscos o tabaccherias y asegúrate de validarlos al subir. Los autobuses son una opción económica y práctica, especialmente si te alojas fuera del centro histórico.

Alquilar una bicicleta

Floreciendo como una alternativa verde, el alquiler de bicicletas es ideal para aquellos que desean explorar más allá de las zonas peatonales, pero recuerda, mientras la bicicleta puede ser romántica, las calles pueden ser complicadas; sigue siempre las normas de tráfico y usa un casco.

Taxis y Servicios de Transporte

Para un viaje más directo, los taxis son una opción. Asegúrate de tomar un taxi oficial, que se pueden encontrar en las paradas designadas. Es posible que el recorrido en taxi sea más costoso, pero ofrece una forma segura y cómoda de moverse, especialmente por la noche.

Conducir en Florencia

Aunque es posible alquilar un automóvil, conducir puede ser un desafío. Las restricciones de tráfico en el centro histórico son estrictas, y las multas pueden ser onerosas. Si optas por esta opción, infórmate bien sobre las reglas y considera dejar el coche en un aparcamiento fuera del centro, explorando la ciudad a pie o en transporte público desde allí.

PRINCIPALES ATRACCIONES

Catedral de Santa María del Fiore
(Duomo di Firenze)

Con su inconfundible cúpula, diseñada por Filippo Brunelleschi, la catedral es una impresionante presencia que ha observado silenciosamente el paso del tiempo y el flujo constante de visitantes desde su finalización en el siglo XV.

La majestuosa fachada de mármol en tonos verdes, blancos y rojos cautiva a quienes la contemplan, y el interior, con su vasto espacio adornado con intrincados frescos, es igualmente asombroso. No te pierdas la oportunidad de subir los 463 escalones hasta la cima de la cúpula, eso sí, asegúrate de llevar calzado cómodo, ya que la subida puede ser bastante empinada.

La catedral abre sus puertas de lunes a sábado desde las 10:00 hasta las 16:30 horas, y los domingos solo para los servicios religiosos. La entrada a la catedral es gratuita, pero si deseas acceder a la cúpula, el campanario o el museo, hay una tarifa combinada de 18 euros. Los estudiantes y los residentes de la Unión Europea disfrutan de descuentos, así que lleva contigo una identificación válida.

Ahora bien, debido a su popularidad, la catedral atrae grandes multitudes. Para evitar las largas colas, especialmente durante la temporada alta, considera comprar una entrada sin colas en línea o planificar tu visita temprano en la mañana o al final de la tarde durante la temporada baja. Además, la reserva de una visita guiada te permitirá conocer la rica historia y los detalles arquitectónicos de este fascinante lugar, enriqueciendo tu experiencia.

En cuanto a vestimenta, es prudente recordar que la Catedral de Santa María del Fiore es un lugar de culto, por lo que se recomienda vestir de manera respetuosa, cubriendo hombros y rodillas.

En los alrededores de la catedral, encontrarás una gran variedad de cafeterías y restaurantes donde disfrutar de la exquisita gastronomía toscana. No dejes de probar un plato de 'pappa al pomodoro' o un helado de un auténtico 'gelato' italiano mientras contemplas este maravilloso monumento.

La Catedral de Santa María del Fiore no es solo un testimonio de la habilidad y la visión de los artistas renacentistas, sino también un lugar que invita a la reflexión y la admiración. Ya sea que te interese la historia, el arte o simplemente la belleza arquitectónica, una visita a este icónico edificio florentino te brindará una experiencia inolvidable y una conexión tangible con el pasado glorioso de una de las ciudades más hermosas y culturalmente ricas del mundo.

Galería Uffizi

La Galería Uffizi, un museo que, con su imponente arquitectura y magníficas colecciones de arte, cautiva a quienes lo visitan. No solo es un símbolo del esplendor artístico italiano, sino que también representa un viaje por la historia de la pintura europea.

El edificio que alberga esta impresionante colección fue diseñado por Giorgio Vasari en 1560 para el Gran Duque de Toscana, Cosimo I de Médici. Su originalidad y belleza son un preludio perfecto a los tesoros que alberga en su interior. Al caminar por sus pasillos, uno se siente transportado a una época en la que artistas como Leonardo da Vinci, Miguel Ángel y Botticelli dominaban el mundo del arte.

La visita a la Galería Uffizi puede ser un paseo inolvidable a través de salas que albergan obras maestras como "La Primavera" de Botticelli y "El nacimiento de Venus". Las paredes adornadas con frescos, los techos ornamentados y los suelos de mármol añaden un encanto adicional al recorrido.

Ahora bien, para aprovechar al máximo tu visita, hay ciertos detalles prácticos que conviene tener en cuenta. La galería abre sus puertas de martes a domingo desde las 8:15 a.m. hasta las 6:50 p.m., permaneciendo cerrada los lunes. La entrada general tiene un precio de 20 euros, con descuentos para estudiantes y personas mayores. Los menores de 18 años y los ciudadanos de la UE menores de 25 pueden disfrutar de tarifas reducidas. Se recomienda comprar las entradas con antelación en línea, especialmente durante la temporada alta, para evitar largas filas.

Y hablando de multitudes, la Galería Uffizi puede estar muy concurrida, especialmente en los meses de verano. Para una experiencia más íntima y tranquila, considera visitar el museo a primera hora de la mañana o en la tarde durante los días laborables. Si eres un entusiasta del arte, tal vez quieras invertir en la tarjeta Firenze Card, que te brinda acceso prioritario a la Galería Uffizi, junto con muchos otros sitios históricos.

La visita no estaría completa sin disfrutar de una comida en la cafetería ubicada en la terraza de la galería, donde se puede deleitar con las vistas panorámicas de la Piazza della Signoria y el Palazzo Vecchio, mientras se saborea la auténtica cocina toscana.

En cuanto a cómo llegar, la Galería Uffizi se encuentra a poca distancia a pie de la mayoría de los hoteles céntricos, y también es accesible a través de diversos medios de transporte público.

La Galería Uffizi no es simplemente una oportunidad para ver algunas de las obras de arte más famosas del mundo, es una experiencia que abarca la historia, la cultura y su esencia. Con un poco de planificación y atención a los detalles, puedes asegurarte de que tu tiempo en este extraordinario museo sea tan inolvidable como las obras maestras que alberga.

Ponte Vecchio

Un puente repleto de historia y encanto se eleva sobre el río Arno: el Ponte Vecchio. Construido por primera vez en el siglo XIV, este emblemático puente ha sido testigo de innumerables amaneceres y atardeceres, mientras la ciudad crecía y florecía a su alrededor. Su singularidad reside en las pequeñas tiendas que se alinean a lo largo de su camino, y en su robusta y atípica arquitectura que ha resistido el paso del tiempo.

El Ponte Vecchio es mucho más que un medio para cruzar el río. Al atravesarlo, uno entra en un mundo de joyerías, tiendas de arte y otras boutiques que muestran una mezcla de artesanía tradicional y moderna. Los orfebres han ocupado este puente durante siglos, y en la actualidad, las vitrinas refulgen con oro y plata, deslumbrando a los visitantes con su brillo.

Ahora bien, ¿cómo aprovechar al máximo una visita a este monumento inigualable? Aunque no hay costo de entrada, y el puente está abierto todo el día y la noche, hay maneras de optimizar la experiencia.

Las tiendas sobre el puente suelen abrir a las 10 de la mañana y cerrar alrededor de las 8 de la tarde. Sin embargo, para aquellos que buscan una experiencia más tranquila y apacible, lo mejor es visitar el puente temprano en la mañana o después del ocaso. Durante estos periodos, las multitudes disminuyen, permitiendo apreciar la verdadera esencia del Ponte Vecchio.

Si las compras son lo que te atraen, es aconsejable visitar durante las horas regulares de apertura, pero recuerda regatear; en estas antiguas tiendas, el arte de negociar es parte de la tradición.

La mejor forma de apreciar el puente puede ser desde un ángulo inesperado. Al cruzar hacia el lado opuesto del río, se encuentran varios puntos panorámicos desde donde se puede capturar la imponente estructura en una fotografía memorable. Si te encuentras en la ciudad durante el verano, un paseo en bote por el Arno te dará una vista única y espectacular de este símbolo de la ciudad.

Para los amantes de la historia, el Corredor Vasariano, que conecta el Palazzo

Vecchio con el Palazzo Pitti, pasando por el puente, es un recorrido lleno de arte e historia. Aunque el acceso es limitado y requiere una visita guiada, vale la pena investigar y reservar con anticipación para acceder a este pasaje secreto.

El Ponte Vecchio es más que un puente; es una viva representación de la cultura y la historia de la ciudad. Con sus tiendas centenarias, sus vistas panorámicas y su arquitectura única, ofrece una experiencia inolvidable para aquellos que se toman el tiempo de explorarlo en profundidad.

El Ponte Vecchio es un destino imprescindible para cualquier viajero. Ya sea que te atraiga su rica historia, las oportunidades para comprar joyas únicas, o simplemente desees sumergirte en el ambiente vibrante y encantador de este puente icónico, hay algo en el Ponte Vecchio para todos. Su llamado eterno te invita a cruzar no solo un río, sino también a viajar en el tiempo y conectar con la esencia misma de una de las ciudades más hermosas del mundo.

Palazzo Vecchio

Con una rica historia que se extiende por más de siete siglos, el Palazzo Vecchio de Florencia se alza majestuoso en la plaza de la Signoria, invitando a viajeros y amantes de la historia a sumergirse en la esencia del Renacimiento italiano. Su fachada fortificada, su imponente torre y los interiores adornados con frescos son testimonios de una época que fue cuna de algunos de los más grandes artistas e intelectuales de la humanidad.

La grandeza del Palazzo Vecchio en el exterior, con su poderosa arquitectura y las esculturas que decoran sus patios y alrededores. Una vez que crucen las puertas de esta fortaleza, los visitantes quedarán cautivados por las salas ricamente adornadas, como el Salone dei Cinquecento, una estancia de proporciones colosales, decorada con obras maestras de la época.

La visita al palacio puede llevar varias horas, por lo que es recomendable planificar la excursión con antelación. Las puertas se abren a las 9 de la mañana todos los días excepto los jueves, cuando el horario cambia y se puede acceder a partir de las 2 de la tarde.

El último acceso se permite a las 5 de la tarde en invierno y a las 11 de la noche en verano.

Los precios de entrada varían, con una tarifa general de 10 euros y descuentos para estudiantes y personas mayores. Para aquellos que buscan una experiencia aún más enriquecedora, existen tours guiados que pueden llevarles por los recovecos y secretos del palacio, brindando una perspectiva más profunda de su historia y arte.

Como uno de los destinos más populares, el Palazzo Vecchio puede llenarse rápidamente, especialmente durante la temporada alta. Por lo tanto, una visita temprano en la mañana o a última hora de la tarde puede ofrecer una experiencia más tranquila y personal. Adquirir los boletos en línea con antelación también puede ayudar a evitar las largas colas.

Dentro del palacio, no dejen de explorar la Torre di Arnolfo, que ofrece vistas panorámicas de la ciudad. Eso sí, la subida puede ser empinada, así que es recomendable llevar calzado cómodo. También hay cafeterías y tiendas de regalos en el lugar para relajarse y llevarse un recuerdo de esta joya renacentista.

Mientras caminan por los salones y corredores, observen las pinturas, frescos y detalles arquitectónicos que narran la historia de la ciudad. Aquí, cada piedra y cada trazo de pintura parecen tener una historia que contar.

El Palazzo Vecchio no es simplemente un museo o un edificio histórico; es un símbolo de una época que transformó la cultura, el arte y la ciencia. Es un lugar que invita a perderse en la belleza y el genio del Renacimiento, y donde cada visita se convierte en un viaje en el tiempo. Su esencia perdurable, su magnificencia atemporal y la riqueza de su patrimonio lo convierten en una parada obligatoria para quienes buscan descubrir la esencia auténtica de este lugar.

Galería de la Academia

Bordeada por el romance renacentista y resguardando secretos de la historia del arte, la Galería de la Academia en Florencia es un tesoro escondido, esperando ser descubierto por aquellos con un apetito voraz por la belleza clásica.

Aquí, en el corazón de la ciudad, se encuentra una de las colecciones más ricas y variadas de pintura y escultura italianas. Cada rincón de este edificio invita a la contemplación, guiando al visitante a través de una cronología creativa que se despliega con delicadeza y majestuosidad.

Quizás la joya más brillante de esta colección sea el icónico "David" de Miguel Ángel. Su magnífica presencia habla de la genialidad y el poderío de la creación humana. Pero la Galería ofrece mucho más. Desde la grandiosa sala dedicada a los instrumentos musicales hasta las esculturas inacabadas de Miguel Ángel, aquí se puede explorar una fusión entre la música, el arte y la historia, todo en un único espacio.

Para aquellos que buscan la tranquilidad necesaria para perderse en la contemplación, es recomendable visitar la Galería durante las primeras horas de la mañana o en los últimos momentos antes del cierre. Abierta de martes a domingo, la Galería recibe a sus visitantes desde las 8:15 hasta las 18:50 horas, cerrando sus puertas los lunes.

La entrada general tiene un precio de 12 euros, con descuentos para estudiantes y personas mayores. Los menores de 18 años y personas con discapacidad pueden acceder de manera gratuita. Para evitar las largas colas, especialmente durante la temporada alta, se sugiere adquirir los boletos en línea o seleccionar el acceso sin colas, un poco más costoso pero que garantiza una entrada rápida.

Los amantes del arte que busquen sumergirse en la experiencia podrán disfrutar de audioguías disponibles en varios idiomas. Estas son una opción magnífica para aquellos que deseen profundizar en los detalles de las obras y la historia que las rodea, sin la necesidad de un guía físico.

La Galería, sin embargo, no solo se limita a sus paredes y exposiciones permanentes. Durante todo el año, se organizan exhibiciones temporales, charlas y talleres que enriquecen la experiencia del visitante.

Al terminar la visita, no hay mejor manera de reflexionar sobre las maravillas contempladas que disfrutando de un capuchino en una de las cercanas cafeterías históricas. La región alrededor de la Galería está salpicada de pequeñas tiendas y restaurantes.

Una visita a la Galería de la Academia es un viaje a través del tiempo, una exploración de la creatividad y un homenaje a la pasión humana por la belleza. Sea un novato en las artes o un conocedor experimentado, este rincón ofrece una puerta abierta a un mundo donde cada obra cuenta una historia, y cada historia es una obra maestra en sí misma.

Basílica de Santa Croce

La Basílica de Santa Croce, es una maravilla arquitectónica que atrae a viajeros de todo el mundo. Su diseño gótico y su historia fascinante poseen una visión única del arte y la cultura de esta ciudad renacentista, mientras que su ubicación en la Piazza Santa Croce brinda a los visitantes la oportunidad de explorar los alrededores.

Desde las fachadas adornadas con mármol hasta las criptas sagradas, la basílica es una sinfonía visual que cobra vida a través de los siglos. Aquí yacen algunos de los grandes nombres de la historia italiana, como Miguel Ángel, Galileo y Maquiavelo, lo que añade un aura de trascendencia e inmortalidad al lugar.

La visita a la basílica es una experiencia rica en detalles y emociones. La entrada principal, situada en la Piazza, da acceso a un interior que deslumbra con frescos magníficos y vitrales de colores. La nave principal, que alberga 16 capillas, se despliega ante los ojos del visitante en un despliegue de arte y espiritualidad.

Para aquellos que buscan un viaje personalizado y tranquilo, es recomendable visitar la basílica durante las primeras horas de la mañana o a última hora de la tarde, cuando las multitudes son menores. Los horarios de apertura varían según la época del año, pero en general, la basílica está abierta de lunes a sábado de 9:30 a 17:30, y los domingos y festivos de 14:00 a 17:30.

El costo de la entrada es de 8 euros para los adultos, con descuentos disponibles para estudiantes y grupos. Es posible reservar una visita guiada, que ofrece una visión más profunda de la historia y la arquitectura de este lugar impresionante. Las entradas pueden ser adquiridas en línea, lo cual es muy recomendable durante la temporada alta para asegurar el acceso sin demora.

Una vez en el interior, los visitantes pueden explorar a su propio ritmo o unirse a uno de los recorridos. El complejo también alberga una tienda de regalos y una cafetería, donde se puede disfrutar de un descanso y reflexionar sobre la experiencia única de haber estado en un lugar tan cargado de historia.

Para aquellos con un interés particular en la música, la Basílica de Santa Croce también sirve como escenario para conciertos y actuaciones musicales, ofreciendo una oportunidad para disfrutar de la acústica excepcional del edificio.

Plaza de la Señoría (Piazza della Signoria)

La Plaza de la Señoría (Piazza della Signoria) se despliega como un museo al aire libre, un caleidoscopio de historia, arte y cultura que atrapa los sentidos. Con su ubicación a un corto paseo del famoso río Arno, esta plaza te sumerge en la esencia misma de la Renacimiento italiano, invitándote a explorar sus rincones y maravillas.

El Palazzo Vecchio, la fortaleza medieval que domina la plaza, es hogar de obras maestras artísticas y un testigo silencioso de siglos de historia política y social. Con sus torres grandiosas, es un lugar imperdible para cualquier amante de la arquitectura. La entrada general cuesta alrededor de 10 euros, y las puertas están abiertas de 9 a.m. a 7 p.m. de viernes a miércoles, y hasta las 2 p.m. los jueves.

Si deseas evitar las multitudes, la primera hora de la mañana o el final de la tarde durante la semana suelen ser los momentos ideales. Además, los meses de otoño e invierno presentan una oportunidad única para explorar la plaza con una serenidad.

A un paso del Palazzo, encontrarás la Loggia dei Lanzi, una galería abierta con esculturas impresionantes como el Perseo de

Cellini o el Rapto de las Sabinas de Giambologna. Puedes contemplar estas obras de manera gratuita, en cualquier momento del día o de la noche, ya que este espacio no cierra sus puertas.

Mientras paseas por la plaza, sentirás la presencia constante de las réplicas de estatuas renacentistas, incluyendo una copia fiel del David de Miguel Ángel, que te observa con su mirada eterna y desafiante. Aunque las esculturas originales se encuentran en museos cercanos, estas réplicas a tamaño real brindan una excelente oportunidad fotográfica.

No te pierdas la Fuente de Neptuno, una obra maestra de la escultura creada por Bartolomeo Ammannati. Su detalle y magnificencia capturan la imaginación y regalan una pausa refrescante durante los cálidos días de verano.

Al explorar este recinto histórico, te aconsejamos llevar calzado cómodo y una botella de agua, especialmente en los meses más cálidos. Los cafés cercanos proponen deliciosas opciones para un descanso, desde un expresso intenso hasta un gelato cremoso.

Asegúrate también de tener algo de efectivo, ya que algunos pequeños comerciantes podrían no aceptar tarjetas.

La Plaza de la Señoría no es solo un destino turístico; es un lienzo viviente donde se entrelazan el arte, la historia y la vida cotidiana florentina. Su ubicación céntrica la convierte en el punto de partida ideal para explorar los tesoros circundantes de esta ciudad encantadora. En cada paso, en cada rincón, te encontrarás con un fragmento de una época dorada, una época que sigue viva en la piedra, en el bronce y en el aire mismo.

Jardines de Bóboli

Los Jardines de Bóboli son un oasis verde que despliega un panorama encantador de esculturas, fuentes y arbustos meticulosamente diseñados. A medida que uno explora este complejo de 45 hectáreas, se siente transportado a través del tiempo, y los sentidos se deleitan en una sublime mezcla de naturaleza y arte.

Diseñados por Niccolò Tribolo en el siglo XVI, los Jardines de Bóboli no son simplemente un jardín, sino una experiencia viva que invita al visitante a perderse en una red de senderos sinuosos y terrazas escalonadas. Aquí, cada paso revela un nuevo tesoro: desde la Gruta Grande, decorada con fascinantes estalactitas, hasta la Fuente del Neptuno, que se alza majestuosa en su dominio acuático.

Los horarios de apertura varían según la temporada, por lo que es prudente comprobarlos antes de planificar la visita. Generalmente, los jardines abren sus puertas a las 8:15 a.m. y cierran entre las 4:30 p.m. y las 6:30 p.m., dependiendo del mes. Los visitantes deberán tener en cuenta que los jardines permanecen cerrados el primer y último lunes de cada mes.

El costo de la entrada es de 10 euros para adultos y 5 euros para niños y estudiantes, con descuentos disponibles para familias numerosas. Si tienes planeado explorar también el Museo de Porcelana y el Museo del Traje, ubicados dentro de los jardines, puedes optar por un boleto combinado.

Para aquellos que buscan evadir las multitudes y disfrutar de una experiencia más íntima, la visita durante las primeras horas de la mañana o en los días laborables puede ser ideal. Además, el uso de calzado cómodo es imprescindible, ya que los jardines cuentan con numerosos caminos y senderos que invitan a explorar.

Uno de los secretos mejor guardados es el Kaffeehaus, un pabellón de estilo rococó donde se puede disfrutar de un refresco mientras se contempla una preciosa cita. También vale la pena dedicar tiempo a descubrir las estatuas ocultas y las fuentes escondidas que salpican el paisaje, cada una con su propia historia y encanto.

Los aficionados a la fotografía encontrarán en los Jardines de Bóboli un paraíso visual, con oportunidades infinitas para capturar la fusión perfecta de naturaleza, arquitectura y arte. Los ángulos cambiantes de la luz del sol a lo largo del día obsequian una paleta caleidoscópica de colores y sombras.

Con su rica historia y belleza atemporal, los Jardines de Bóboli son una parada obligatoria para cualquier viajero. Un día en este remanso de paz no sólo nutrirá el alma, sino que también ofrecerá una ventana a la majestuosa tradición y creatividad que la han hecho una de las ciudades más admiradas del mundo. En cada esquina, en cada detalle, los Jardines de Bóboli susurran los secretos de una época pasada, y el eco de ese susurro perdura en la memoria mucho después de haber dejado sus confines.

Iglesia de Santa Maria Novella

La Iglesia de Santa Maria Novella es un espléndido ejemplo de arte y arquitectura gótica y renacentista que ha atraído a viajeros de todo el mundo. Con su fachada de mármol verde y blanco y un interior repleto de obras maestras, este edificio histórico invita a una exploración serena e inspiradora.

El viajero que se aproxima a Santa Maria Novella quedará fascinado por la riqueza visual de su exterior, diseñado por Leon Battista Alberti. Las líneas geométricas y el patrón de mármol blanco y verde evocan una sensación de equilibrio y harmonía que refleja el humanismo renacentista.

Al cruzar las puertas de la iglesia, los visitantes se sumergen en un mundo donde el arte y la devoción se fusionan. Frescos de artistas como Masaccio y Filippino Lippi adornan las paredes, ofreciendo una narración visual de historias bíblicas. La Capilla de los Españoles, con su abovedado techo, es un lugar destacado, ofreciendo una visión inigualable de la gloria artística de la época.

La iglesia está abierta de lunes a jueves de 9:00 a 17:30, y los viernes y sábados de 9:00 a 17:00. Los domingos y días festivos tienen un horario especial de 13:00 a 17:00. Los precios de entrada son de 7,50 euros para adultos, y hay descuentos disponibles para estudiantes y grupos.

Para aquellos que deseen evitar las aglomeraciones, es recomendable visitar a primera hora de la mañana durante los días laborables, especialmente en la temporada baja. Adquirir las entradas con antelación en línea también puede ahorrar tiempo en la cola.

Uno de los secretos mejor guardados de Santa Maria Novella es su claustro, un refugio tranquilo donde los cipreses y los frescos regalan un respiro sereno de la ciudad. No dejes de explorar este rincón escondido, perfecto para una pausa reflexiva.

Cerca de la iglesia, encontrarás la famosa farmacia de Santa Maria Novella, una de las más antiguas de Europa. Aquí puedes descubrir fragancias y elixires que te transportan a la época renacentista.

Para aquellos interesados en profundizar en su conocimiento de la iglesia, hay guías disponibles que brindan tours detallados. Este servicio permite una comprensión más profunda de las obras de arte y la arquitectura, enriqueciendo la experiencia.

La Iglesia de Santa Maria Novella no es simplemente un destino turístico, sino un viaje en el tiempo, una invitación a explorar la belleza y la historia de una época pasada. Con su rica colección de arte, arquitectura imponente y ambiente tranquilo, este lugar ofrece una experiencia única que cautivará tanto a los amantes del arte como a quienes buscan una conexión con la historia. Un día en Santa Maria Novella no es simplemente una visita; es una inmersión en una era dorada de creatividad y fe.

Palazzo Pitti

Floreciendo al sur del río Arno, se erige el magnífico Palazzo Pitti, un símbolo de opulencia y poder que ha sido durante siglos un referente del arte y la arquitectura renacentista. Esta residencia grandiosa, un oasis de cultura y belleza, es una parada esencial para aquellos que buscan sumergirse en el esplendor de la Italia del Renacimiento.

La fachada imponente del Palazzo Pitti, construida en el siglo XV, invita a los visitantes a explorar sus innumerables tesoros. Al cruzar sus puertas, uno se encuentra con una colección de arte que deslumbra, desde pinturas de maestros como Rafael y Tiziano hasta ornamentos y muebles de época. La Galería Palatina, un laberinto de salones adornados con frescos, es solo uno de los muchos rincones del palacio que prometen maravillar a los amantes del arte.

No menos impresionantes son los Jardines de Boboli, una vasta extensión de verde que rodea el palacio. Con sus fuentes, estatuas y terrazas, estos jardines son un refugio tranquilo.

Visitar el Palazzo Pitti es una experiencia que se puede personalizar. Los boletos están disponibles en varios rangos de precio, dependiendo de las áreas que desees explorar. La entrada básica cuesta 16 euros, mientras que las tarifas combinadas, que dan acceso a los jardines y otras áreas, varían entre 11 y 38 euros. Los niños menores de 18 años entran gratis, y hay descuentos disponibles para jóvenes y grupos.

Abierto de martes a domingo, el Palazzo Pitti recibe a sus visitantes de 8:30 a 18:30. Sin embargo, los horarios pueden variar, así que siempre es aconsejable verificar antes de tu visita.

Uno de los secretos mejor guardados para disfrutar del Palazzo Pitti es llegar temprano. Las mañanas son ideales para explorar sus salones con tranquilidad, antes de que las multitudes lleguen. Y para los que buscan una experiencia más personalizada, hay recorridos guiados disponibles, aunque reservar con antelación es esencial.

Si tienes hambre después de explorar, encontrarás encantadores cafés y restaurantes cercanos que ofrecen delicias toscanas. Así podrás seguir saboreando la riqueza de la región, incluso después de dejar el palacio.

JOYAS OCULTAS

La Capilla de los Magos
(Capella dei Magi)

La fascinante Capilla de los Magos (Capella dei Magi) te invita a embarcarte en un viaje a través de la historia, el arte y la espiritualidad. Al atravesar sus puertas, serás transportado a una época en la que los mecenas y artistas convergían para crear obras inmortales.

Esta capilla, un tesoro escondido en el palacio de los Medici, se encuentra adornada con los magníficos frescos creados por Benozzo Gozzoli. La pintura que envuelve las paredes representa la Procesión de los Reyes Magos y está llena de personajes de la época, incluyendo figuras de la familia Medici.

El momento en que te encuentres bajo el techo decorado de la Capella dei Magi, tus ojos se verán atraídos por los intrincados detalles, los vibrantes colores y las expresiones vivas en las caras pintadas. Aquí, la historia cobra vida, y cada centímetro de este espacio sagrado susurra secretos de un pasado distante y glorioso.

La capilla abre sus puertas de lunes a sábado de 9 a.m. a 7 p.m. y los domingos de 9 a.m. a 1 p.m. Los precios de entrada son accesibles, siendo 10 euros para los adultos y 6 euros para estudiantes y niños menores de 18 años. Si planeas una visita en grupo, existen descuentos adicionales que pueden hacer tu experiencia aún más asequible.

Para aquellos que buscan evitar las multitudes y sumergirse en una experiencia más íntima y reflexiva, lo mejor es visitar la Capella dei Magi durante las primeras horas de la mañana o a media tarde durante los días laborables. Los fines de semana tienden a ser más concurridos, y el encanto silencioso de la capilla puede verse algo interrumpido.

Mientras te encuentras en el interior, asegúrate de no apresurarte. La paciencia es una virtud aquí; tomarte tu tiempo para explorar cada rincón y absorber los detalles te recompensará con una apreciación más profunda de la maestría artística y el significado histórico.

No te olvides de llevar contigo un calzado cómodo, ya que las piedras centenarias pueden ser irregulares. La fotografía está permitida, pero sin flash, para preservar las delicadas pinturas. También hay guías disponibles, y una visita guiada puede enriquecer tu comprensión de la capilla y su contexto.

Si sientes hambre después de tu visita, puedes explorar los callejones cercanos donde encontrarás una variedad de cafés y restaurantes que ofrecen la exquisita cocina toscana. Un cappuccino y una porción de tiramisú pueden ser el final perfecto para un día lleno de arte e historia.

Jardín de las Rosas
(Giardino delle Rose)

El Jardín de las Rosas (Giardino delle Rose) se despliega como un lienzo multicolor, pintado con la vibrante paleta de la naturaleza. A un paso de la ciudad, esta joya oculta invita a los viajeros a perderse en un paraíso perfumado, donde los pétalos delicados narran historias de romance, arte y cultura.

El jardín, creado en 1865 por el arquitecto Giuseppe Poggi, se asienta en las laderas de la colina de San Miniato. Un paseo por sus senderos serpenteantes es un deleite para los sentidos, con más de 350 variedades de rosas floreciendo en diferentes estaciones del año.

El acceso al jardín es gratuito, lo que hace que este rincón sea aún más tentador para los exploradores con presupuesto limitado. Abierto todos los días desde las 9 de la mañana hasta el ocaso, el Jardín de las Rosas invita a visitantes tempraneros y noctámbulos por igual. Para aquellos que buscan evitar las multitudes, un paseo en un día laborable temprano por la mañana ofrece una experiencia más serena y personal.

Más allá de sus flores, el jardín es también un santuario para el arte contemporáneo. Las esculturas de Jean-Michel Folon, que se encuentran dispersas por el jardín, añaden una dimensión abstracta y poética a la belleza natural. Estas obras maestras, dispuestas entre las rosas, se integran armoniosamente con el paisaje, invitando a una contemplación más profunda.

No hay escasez de bancos y áreas de descanso donde los visitantes pueden detenerse para disfrutar de un libro, dibujar o simplemente respirar el perfume de las rosas.

La proximidad del jardín a otras atracciones de Florencia, como la Piazzale Michelangelo, lo convierte en una parada ideal en un recorrido por la ciudad.

Para los aficionados a la jardinería, la visita durante el mes de mayo es una oportunidad excepcional para presenciar la 'Premio Firenze', una competencia donde las rosas nuevas de todo el mundo son juzgadas y apreciadas. Es un espectáculo que no se debe perder, y una forma única de involucrarse en la cultura local.

Un consejo práctico para los viajeros es llevar consigo una cámara y una botella de agua, especialmente durante los cálidos meses de verano. El jardín no cuenta con muchas instalaciones, por lo que una planificación cuidadosa asegurará una visita cómoda y memorable.

El Jardín de las Rosas es un oasis de tranquilidad y belleza. Su mezcla única de arte y naturaleza lo convierte en un destino imprescindible para cualquier visitante de la ciudad. Ya sea que busques inspiración artística, un paseo romántico o simplemente un respiro del ajetreo urbano, este jardín florentino te espera con sus brazos perfumados abiertos.

La Biblioteca Riccardiana

Con una colección de más de 4.000 manuscritos y 75.000 volúmenes, la Riccardiana es el hogar de algunos de los tesoros literarios más importantes de Europa. Su atractivo reside no sólo en los invaluables textos que alberga, sino también en la magnífica arquitectura que la envuelve. Desde el instante en que pones un pie en su sala de lectura barroca, te sentirás transportado a un mundo de sabiduría y elegancia.

Abierta de martes a sábado, la biblioteca te da la bienvenida en horarios variados; los martes y jueves de 8:30 a 13:30, y los miércoles, viernes y sábados de 8:30 a 13:30 y de 14:30 a 18:00. El acceso a la sala de lectura general es gratuito, pero si deseas una inmersión más profunda en sus colecciones, una visita guiada por 10 euros te proporcionará una experiencia enriquecedora.

La mejor época para visitar es durante los meses menos concurridos de marzo a mayo, o de septiembre a noviembre. Aprovecha los días de semana en las primeras horas de la mañana para disfrutar de una experiencia más íntima. No te olvides de llevar una identificación, ya que es necesaria para acceder a ciertos sectores.

Una vez dentro, te encontrarás cara a cara con textos invaluables como el Códice Riccardiano 492, lleno de las notas de Leonardo da Vinci, y el manuscrito original de la "Comedia" de Dante. La experiencia se realza con la posibilidad de sentarte en los mismos escritorios de roble donde estudiosos y literatos han reflexionado durante siglos.

Si tienes tiempo, no te pierdas la sala Manoscritti, un paraíso oculto donde los estudiosos aún trabajan con manuscritos iluminados y textos raros. Es un recordatorio vivo de que la biblioteca sigue siendo un centro vital de investigación y estudio.

Después de un recorrido, puedes descansar en alguno de los cafés cercanos, famosos por su café expreso y deliciosos pasteles. Muchos dan vistas al río Arno, proporcionando el lugar perfecto para reflexionar sobre la experiencia.

La Biblioteca Riccardiana no es simplemente un lugar para visitar, sino una experiencia para vivir. A través de sus salas llenas de historia y su cálido ambiente, encontrarás un pedazo del alma de la ciudad, un destino que toca el corazón de aquellos que buscan más allá de la ruta turística convencional. La riqueza literaria, la arquitectura exquisita y el sentido de serenidad hacen de este rincón un oasis en medio del bullicio de una ciudad famosa por su arte y belleza.

El Museo Stibbert

Situado en la serena colina de Montughi, el Museo Stibbert es un paraíso oculto que espera ser descubierto por el viajero curioso. Lejos del ajetreo y bullicio del centro histórico de la ciudad, este museo, con su colección exquisita y jardines encantadores, ofrece una experiencia única que lleva a los visitantes en un viaje a través del tiempo y la geografía.

El corazón del Museo Stibbert es la vasta colección de armaduras y armas antiguas, recolectadas por el coleccionista anglo-italiano Frederick Stibbert. Al cruzar las puertas de este museo, te encontrarás sumergido en un mundo de caballeros y samuráis, de espadachines y guerreros, que reflejan la pasión y el amor de Stibbert por la historia y la artesanía.

La villa neoclásica, que alberga el museo, es un destino en sí misma, con sus frescos impresionantes y su diseño elegante. La colección no se limita a las armaduras, sino que también incluye cerámicas, pinturas y trajes que narran una historia cultural rica y diversa.

Pero el encanto del Museo Stibbert no se detiene en su interior. Los jardines adyacentes son un oasis de tranquilidad, con sus estanques serenos, esculturas y senderos sinuosos. Un paseo por estos terrenos te llevará a un mundo de fantasía, un lugar donde puedes perder el tiempo y olvidar el mundo exterior.

Para aquellos interesados en visitar este tesoro florentino, el museo está abierto de lunes a miércoles de 10:00 a 14:00, y de viernes a domingo de 10:00 a 18:00. Los jueves permanece cerrado. La entrada general cuesta 8 euros, con descuentos disponibles para estudiantes y grupos.

Si bien el Museo Stibbert no suele estar abarrotado, visitarlo durante las primeras horas del día te ofrecerá una experiencia más íntima. Un consejo valioso para aquellos que buscan sumergirse en la historia sin la distracción de las multitudes.

Si optas por el transporte público, puedes tomar el autobús 4 desde la estación de tren de Santa Maria Novella.

No dejes de explorar la tienda de regalos, que ofrece una selección de libros, postales y recuerdos únicos.

El Museo Stibbert, con su mezcla de historia, arte y naturaleza, es una joya poco conocida. Si buscas un refugio tranquilo, un lugar donde la historia cobra vida y donde el arte y la naturaleza se encuentran en una simbiosis perfecta, este museo es tu destino ideal. Aquí, en este rincón escondido de Italia, encontrarás una experiencia que resonará en tu corazón mucho después de haber regresado a casa.

La Iglesia de Orsanmichele

La Iglesia de Orsanmichele es un destino cautivador, una joya oculta que fusiona la religión, la arquitectura y el arte en un rincón único de la ciudad. Este santuario, originalmente diseñado como mercado en el siglo XIV, ha sido transformado a lo largo de los años en un espacio sagrado que despierta la admiración de los visitantes.

Cuando te aproximas a Orsanmichele, la primera impresión que captura tu vista es su fachada imponente, adornada con intrincados detalles y estatuas de santos creadas por algunos de los artistas más prominentes del Renacimiento. Estas figuras, incluyendo obras de Donatello, Ghiberti y Giambologna, destacan por su realismo y elegancia, y se presentan en nichos alrededor del edificio.

Al cruzar las puertas de la iglesia, te sumerges en un ambiente sereno y espiritual. Las vidrieras coloreadas arrojan destellos de luz sobre los frescos, creando una atmósfera sobrecogedora y celestial. Los pilares robustos, los arcos góticos y la exquisita decoración interior evocan un sentimiento de grandeza que se mezcla con una sensación de paz y reverencia.

Uno de los puntos culminantes de la visita es el Museo de Orsanmichele, ubicado en los pisos superiores. Aquí se pueden admirar las estatuas originales que una vez adornaron la fachada, así como una variedad de artefactos religiosos y obras de arte.

Ahora bien, planificar tu visita a la Iglesia de Orsanmichele requiere algunos detalles prácticos. La entrada es gratuita, lo cual es una ventaja para los viajeros con presupuesto ajustado. La iglesia está abierta los días lunes, martes y sábado, de 10:00 a 17:00 horas, por lo que es importante ajustar tu itinerario en consecuencia.

Para disfrutar de la mejor experiencia, es recomendable visitar Orsanmichele a primera hora de la mañana o en las tardes de los días entre semana, cuando la afluencia de visitantes suele ser menor. Esto te permitirá apreciar el lugar en una atmósfera tranquila y contemplativa.

En cuanto a su ubicación, Orsanmichele se encuentra a poca distancia de la famosa

Piazza della Signoria y otros lugares emblemáticos, por lo que puedes combinar la visita con otras atracciones cercanas.

No olvides llevar contigo una cámara y buen calzado para caminar, ya que la exploración de la iglesia y sus alrededores te invitará a detenerte y reflexionar, capturando los detalles que hacen de este un sitio mágico y enriquecedor en la escena cultural.

La Iglesia de Orsanmichele es un testimonio de la riqueza histórica y artística de una ciudad famosa por su belleza.

CÓMO EVITAR LAS TRAMPAS PARA TURISTAS

Florencia, como en muchas ciudades populares, los visitantes deben estar alerta a posibles engaños, robos o trampas para turistas. Aquí encontrarás estrategias y consejos prácticos para disfrutar de la ciudad sin caer en estas situaciones desagradables.

Mantente a salvo en las calles: En la vibrante ciudad, pasear por sus calles adoquinadas es una delicia. Sin embargo, la precaución es vital, especialmente en áreas concurridas como el Ponte Vecchio o la Piazza della Signoria. Guarda tus objetos de valor en un lugar seguro y lleva una copia de tus documentos importantes. No es recomendable mostrar artículos costosos, ya que podría atraer la atención no deseada.

Conoce los precios: Esta ciudad es famosa por su excelente gastronomía, pero algunos restaurantes en zonas turísticas pueden inflar los precios. Para evitar sorpresas desagradables, asegúrate de preguntar el costo de los platillos no listados en el menú, y verifica si hay cargos adicionales antes de ordenar.

Desplázate con inteligencia: Si bien el transporte público es generalmente confiable, es esencial ser consciente de los taxis no autorizados. Utiliza solo aquellos que tengan una licencia visible y acuerda el precio o asegúrate de que el taxímetro esté encendido antes de comenzar el viaje.

Compra con cuidado: La ciudad es famosa por sus mercados de cuero y artesanías. No obstante, algunos vendedores pueden ofrecer mercancías a precios exorbitantes o de calidad inferior. Investiga un poco y compara precios antes de realizar una compra importante. No dudes en regatear; es una práctica común y aceptada.

Evita los trucos comunes: Algunos individuos pueden ofrecerte ayuda no solicitada con tus maletas o proporcionarte información incorrecta sobre las entradas a los museos. Sé cortés pero firme en rechazar estas ofertas, y siempre verifica la información con una fuente confiable, como la recepción de tu hotel o una oficina de turismo.

Opta por recorridos auténticos: Hay una plétora de tours disponibles, pero no todos son creados de igual manera. Busca recomendaciones de amigos o en línea y elige aquellos con buenas críticas y guías conocedores. Un guía local y experimentado puede brindarte una experiencia única y segura.

Protege tu dinero: Los cajeros automáticos son fáciles de encontrar, pero es recomendable utilizar los que están en lugares más seguros como bancos o centros comerciales. Siempre cubre tu PIN y esté atento a cualquier dispositivo sospechoso en el cajero.

Disfruta del arte con sabiduría: La ciudad es un museo al aire libre, y las colas para los museos famosos pueden ser largas. Compra boletos con anticipación de proveedores legítimos y no te dejes tentar por ofertas de última hora de vendedores no verificables.

Respeta las normas locales: Toma en cuenta que la ciudad tiene leyes estrictas respecto al comportamiento en lugares públicos, como no sentarse en ciertos monumentos. Conocer y respetar estas reglas no solo te mantendrá fuera de problemas, sino que también te permitirá disfrutar de la ciudad de una manera respetuosa y consciente.

La cautela y la planificación pueden asegurar una visita a Florencia libre de estrés y llena de momentos inolvidables. Mantente informado, sé observador y no dudes en buscar ayuda si algo no se siente bien. Después de todo, esta ciudad histórica tiene mucho que ofrecer, y con estas recomendaciones, tu viaje puede ser tan sereno y encantador como los paisajes florentinos que te esperan.

COMIDAS Y BEBIDAS TÍPICAS

Sumérgete en el corazón palpitante de la gastronomía toscana; una ciudad donde cada bocado es una celebración de sabor y cada sorbo es un homenaje a la tradición. En los serpenteantes callejones y plazas iluminadas por el sol, la historia y el arte culinario florecen en perfecta armonía.

Imagínate un plato de "**ribollita**", un estofado espeso que da nueva vida a las verduras y al pan del día anterior. Es un abrazo cálido en un día frío, una joya gastronómica nacida de la simplicidad rústica y la ingenuidad de los campesinos locales.

Si tu paladar anhela algo más robusto, el "**bistecca alla fiorentina**" espera, con su carne jugosa y tierna a la parrilla. Cada bocado revela la esencia de la Toscana, con su carne de alta calidad y su amor por los sabores puros y sin adornos.

Pero no todo es carne y estofados. Las "**pappa al pomodoro**" te invitan a saborear la frescura de los tomates maduros, cocidos con albahaca y pan rústico, creando una sopa que canta con los sabores del verano toscano.

En los mercados locales, como el Mercato Centrale, puedes explorar una abundancia de productos locales y experimentar el arte de la negociación en italiano. Aquí, el aroma del "**focaccia**" recién horneado se mezcla con el del queso pecorino, y los puestos ofrecen una selección de embutidos y aceitunas que te harán soñar con un pícnic junto al Arno.

Y no podemos olvidar el glorioso mundo de los helados. El "**gelato**" es una paleta de colores y sabores, y cada heladería es un lienzo en el que los maestros heladeros pintan con ingredientes frescos y naturales. De limón a lavanda, cada cucharada es una explosión de sabor que se derrite en la lengua.

La bebida, por supuesto, juega su propio papel en esta sinfonía gastronómica. El **Chianti**, producido en las onduladas colinas que rodean este magnífico lugar, es el vino que corre por las venas de la región. Cada copa refleja la riqueza del terroir toscano, y es el acompañante perfecto para una comida lenta e indulgente.

Para aquellos interesados en una bebida más refrescante, el "**negroni**" es una opción embriagante. Esta mezcla de gin, vermut y

Campari es un cóctel clásico florentino, la elección perfecta para una noche de risas y conversaciones profundas en una de las muchas terrazas de la ciudad.

RESTAURANTES POPULARES

Trattoria Mario - Cocina: italiana tradicional.Horario: Lun-Sáb, 12:00-15:30.Precio: €€.Consejos: Llega temprano; suele llenarse rápidamente.Ubicación: Cerca de la Basílica de San Lorenzo.Atracciones cercanas: Mercado Central, Medici Chapels.

Cantinetta Antinori - Cocina: Toscanas modernas.Horario: Lun-Vie, 12:30-22:30.Precio: €€€.Consejos: Reserva con anticipación.Ubicación: Piazza Antinori.Atracciones cercanas: Iglesia de Santa Trinita, Via de' Tornabuoni.

Osteria Santo Spirito - Cocina: Platos locales y mariscos.Horario: Todos los días, 12:00-00:00.Precio: €€.Consejos: Visita durante la semana para evitar multitudes.Ubicación: Piazza Santo Spirito.Atracciones cercanas: Iglesia de Santo Spirito, Ponte Vecchio.

All'Antico Vinaio - Cocina: Bocadillos y platos locales.Horario: Lun-Sáb, 10:00-22:00.Precio: €.Consejos: Evita la hora del almuerzo para saltarte la cola.Ubicación: Via

De' Neri.Atracciones cercanas: Uffizi Gallery, Palazzo Vecchio.

Ristorante Paoli - Cocina: Clásica italiana.Horario: Todos los días, 12:00-23:00.Precio: €€€.Consejos: Reserva para cenas.Ubicación: Via de' Tavolini.Atracciones cercanas: Catedral de Florencia, Piazza della Signoria.

Il Latini - Cocina: Toscanas tradicionales.Horario: Mar-Sáb, 19:30-23:00.Precio: €€€.Consejos: Reserva con mucha antelación.Ubicación: Via dei Palchetti.Atracciones cercanas: Palazzo Rucellai, Museo Salvatore Ferragamo.

La Giostra - Cocina: Italiana contemporánea.Horario: Todos los días, 12:30-14:30, 19:30-23:00.Precio: €€€.Consejos: Pide una mesa en la terraza.Ubicación: Borgo Pinti.Atracciones cercanas: Basilica di Santa Croce, Biblioteca Nazionale.

Caffè Cibrèo - Cocina: Cafetería y platos toscanos.Horario: Lun-Sáb, 8:00-23:30.Precio: €€.Consejos: Ideal para desayunos.Ubicación: Via Andrea del Verrocchio.Atracciones cercanas: Teatro del Sale, Mercato di Sant'Ambrogio.

Enoteca Pinchiorri - Cocina: Gourmet y vinos finos.Horario: Mar-Sáb, 19:30-22:00.Precio: €€€€.Consejos: Reserva para una ocasión especial.Ubicación: Via Ghibellina.Atracciones cercanas: Casa Buonarroti, Museo Nazionale del Bargello.

Buca Mario - Cocina: Toscanas tradicionales.Horario: Todos los días, 12:00-14:30, 19:30-22:30.Precio: €€€.Consejos: Prueba la bistecca alla fiorentina.Ubicación: Piazza degli Ottaviani.Atracciones cercanas: Iglesia de Ognissanti, Palazzo Strozzi.

La Bussola - Cocina: Pizzas y cocina italiana moderna.Horario: Todos los días, 12:00-23:00.Precio: €€.Consejos: Llega temprano para cenar.Ubicación: Via Porta Rossa.Atracciones cercanas: Piazza della Repubblica, Museo Gucci.

Gusta Pizza - Cocina: Pizzas artesanales.Horario: Mar-Dom, 11:30-15:30, 19:30-23:30.Precio: €.Consejos: Evita los fines de semana.Ubicación: Via Maggio.Atracciones cercanas: Palazzo Pitti, Jardines de Boboli.

Trattoria da Tito - Cocina: Platos locales.Horario: Lun-Sáb, 12:00-14:30, 19:30-22:30.Precio: €€.Consejos: Reserva para grupos grandes.Ubicación: Via San Gallo.Atracciones cercanas: Accademia Gallery, Piazza San Marco.

Ristorante Il Paiolo - Cocina: Cocina toscana y vegetariana.Horario: Todos los días, 12:00-14:30, 19:00-23:00.Precio: €€€.Consejos: Ideal para opciones vegetarianas.Ubicación: Via del Corso.Atracciones cercanas: Museo Galileo, Piazza della

BARES Y CLUBES POPULARES

Negroni Bar - Estilo: Cócteles clásicos.Horario: Todos los días, 18:30-2:00.Precio: €€.Consejos: Visita antes de las 20:00 para evitar las multitudes.Ubicación: Via dei Renai.Atracciones cercanas: Ponte alle Grazie, Basilica di Santa Croce.

Sei Divino - Estilo: Bar de vinos y aperitivos.Horario: Lun-Sáb, 18:30-00:00.Precio: €€.Consejos: Ideal para grupos pequeños.Ubicación: Borgo Ognissanti.Atracciones cercanas: Chiesa di Ognissanti, Ponte Amerigo Vespucci.

Mayday Club - Estilo: Club nocturno, música en vivo.Horario: Jue-Sáb, 22:00-4:00.Precio: €€.Consejos: Llega temprano los fines de semana.Ubicación: Via Dante Alighieri.Atracciones cercanas: Teatro Verdi, Museo Casa di Dante.

Harry's Bar - Estilo: Cócteles y ambiente de lujo.Horario: Todos los días, 10:30-00:30.Precio: €€€€.Consejos: Reserva para una experiencia VIP.Ubicación: Lungarno Amerigo Vespucci.Atracciones cercanas: Puente Vecchio, Palazzo Corsini.

Red Garter - Estilo: Bar deportivo y karaoke.Horario: Todos los días, 18:00-3:00.Precio: €€.Consejos: Disfruta del karaoke los martes.Ubicación: Via de' Benci.Atracciones cercanas: Palazzo Vecchio, Piazza Santa Croce.

La Ménagère - Estilo: Bar-restaurante contemporáneo.Horario: Todos los días, 7:00-2:00.Precio: €€€.Consejos: Ideal para cenas románticas.Ubicación: Via de' Ginori.Atracciones cercanas: Mercado Central, Catedral de Florencia.

Volume - Estilo: Café literario y música en vivo.Horario: Todos los días, 7:30-1:00.Precio: €€.Consejos: No te pierdas los conciertos acústicos.Ubicación: Piazza Santo Spirito.Atracciones cercanas: Iglesia de Santo Spirito, Palazzo Guadagni.

Fusion Bar & Restaurant - Estilo: Fusión asiática, sushi y cócteles.Horario: Todos los días, 18:00-2:00.Precio: €€€.Consejos: Reserva para una experiencia de cena.Ubicación: Via della Vigna Nuova.Atracciones cercanas: Via de' Tornabuoni, Palazzo Strozzi.

Yagura Pub - Estilo: Pub irlandés.Horario: Todos los días, 17:00-2:00.Precio: €€.Consejos: Disfruta de cerveza y fútbol.Ubicación: Via dei Renai.Atracciones cercanas: Piazza dei Ciompi, Museo Nazionale del Bargello.

Space Club - Estilo: Club nocturno, DJ y fiestas temáticas.Horario: Jue-Sáb, 22:30-4:00.Precio: €€€.Consejos: Compra boletos VIP para saltarte la cola.Ubicación: Via Palazzuolo.Atracciones cercanas: Stazione Leopolda, Parco delle Cascine.

Art Bar - Estilo: Cócteles artesanales y ambiente bohemio.Horario: Todos los días, 19:00-2:00.Precio: €€€.Consejos: Reserva en fines de semana.Ubicación: Via del Moro.Atracciones cercanas: Museo Salvatore Ferragamo, Ponte alla Carraia.

Dome - Estilo: Lounge elegante y música lounge.Horario: Todos los días, 19:00-2:00.Precio: €€€.Consejos: Lugar ideal para cócteles y charlas.Ubicación: Via della Vigna Vecchia.Atracciones cercanas: Casa di Dante, Torre della Castagna.

The Friends Pub - Estilo: Pub tradicional, cervezas artesanales.Horario: Todos los días, 17:00-2:00.Precio: €€.Consejos: Prueba la selección local de cervezas.Ubicación: Via Faenza.Atracciones cercanas: Basilica di San Lorenzo, Mercato Centrale.

Bamboo Lounge & Club - Estilo: Club nocturno, ambiente sofisticado.Horario: Jue-Sáb, 23:00-4:00.Precio: €€€.Consejos: Viste elegantemente para entrar.Ubicación: Lungarno del Tempio.Atracciones cercanas: Piazzale Michelangelo, Basílica di Santa Croce.

ALOJAMIENTOS

Con sus innumerables tesoros artísticos y su eterna esencia renacentista, este es un lugar que nunca deja de maravillar. Y es que, aunque pueda parecer una ciudad para pasear y disfrutar de la belleza de sus calles, esconden secretos en cada esquina y un mapa de hospedajes variopinto y atractivo. Aquí os ofrecemos un recorrido por las zonas más populares de la ciudad, y las posibilidades de alojamiento que podrás encontrar.

Centro Histórico-Aquí encontrarás una variada selección de hoteles, desde ostentosos palacetes transformados en lujosos alojamientos, hasta encantadoras pensiones familiares. Si tu sueño es despertar con las vistas del Duomo o la Galería de los Uffizi, este es tu sitio. Aunque los precios pueden ser más elevados que en otras áreas, la experiencia de alojarte aquí es inigualable.

Santa Croce - El bohemio barrio de Santa Croce ofrece un alojamiento con personalidad para los viajeros que buscan salirse un poco de lo convencional. Desde acogedores bed and breakfast hasta modernos hostales para viajeros solitarios, Santa Croce es la mezcla perfecta de historia y modernidad. Los apartamentos de alquiler en este barrio suelen tener un encanto especial, combinando elementos arquitectónicos tradicionales con un toque de diseño contemporáneo.

Oltrarno -Para aquellos que desean un sabor más local y auténtico, Oltrarno, al otro lado del río Arno, ofrece un sinfín de opciones. Este barrio es famoso por sus tiendas de artesanía y sus talleres de arte, y su oferta de alojamiento es igual de singular. Encuentra desde hoteles boutique, hostales artísticos, hasta apartamentos de alquiler, perfectos para sumergirse en la vida florentina.

San Marco-Si buscas alojamiento cerca de algunas de las instituciones educativas y culturales más importantes, elige San Marco. En este barrio residencial, encontrarás alojamientos cómodos y asequibles, como casas de huéspedes y residencias estudiantiles que abren sus puertas a los turistas durante el verano, aquí también se encuentran algunos hoteles de gama media a disposición.

Santa Maria Novella -En las cercanías de la estación central de trenes, Santa Maria

Novella proporciona comodidad y funcionalidad a los visitantes. La oferta es variada, desde hoteles de alta gama hasta hostales económicos. Si tu viaje es breve, o si planeas hacer muchas excursiones en tren, este barrio es una excelente opción.

San Lorenzo- El vibrante San Lorenzo, famoso por su mercado al aire libre, cuenta con una amplia variedad de alojamientos. Desde hoteles boutique en edificios del siglo XVIII hasta modernos apartamentos con vistas a las plazas, este barrio es ideal para aquellos que buscan una ubicación céntrica y un ambiente animado.

Santo Spirito-Si tu deseo es vivir como un verdadero local, Santo Spirito es tu destino. Este barrio ofrece una amplia gama de alojamientos de alquiler, desde pintorescos apartamentos hasta habitaciones en casas compartidas con florentinos de toda la vida. Aquí podrás vivir la auténtica atmósfera de la ciudad, rodeado de trattorias tradicionales y mercados de barrio.

San Frediano-El ecléctico barrio de San Frediano es conocido por su animada vida nocturna y sus artistas locales. Aquí, puedes encontrar desde casas de huéspedes gestionadas por artistas hasta lujosos lofts de alquiler. Ideal para viajeros jóvenes y para aquellos con un espíritu creativo.

San Giovanni - San Giovanni, el hogar del magnífico Baptisterio, ofrece una mezcla de alojamientos para todos los gustos. Tanto si buscas un hotel de lujo con vistas a la Piazza del Duomo, como un apartamento económico para explorar la ciudad, este barrio lo tiene todo.

Campo di Marte -El barrio residencial de Campo di Marte es una opción excelente para aquellos que buscan un ambiente tranquilo y familiar. Aquí encontrarás apartamentos de alquiler y pequeños hoteles, todos a pocos pasos de los parques y jardines más hermosos.

Cada barrio tiene su personalidad única y una variedad de alojamientos que reflejan su carácter. La elección de tu base puede dar forma a tu experiencia en la ciudad, por lo que vale la pena investigar un poco antes de tomar una decisión. Ya sea que busques lujo, historia, arte, bohemia o autenticidad local, Florencia tiene un barrio y un alojamiento perfecto para ti.

ACTIVIDADES PARA HACER EN FAMILIA

Florencia es un escenario repleto de actividades para disfrutar en familia. Desde explorar secretos milenarios hasta deleitarse con el encanto contemporáneo, esta ciudad toscana ofrece un abanico de oportunidades para crear memorias imperecederas.

El primer destino que invita a la diversión y al aprendizaje para todas las edades es el **Museo de los Inventos de Leonardo da Vinci.** Este espacio acoge maquetas interactivas de las invenciones más revolucionarias de da Vinci. Los niños pueden experimentar con estas réplicas, explorando el ingenio del genio del Renacimiento, mientras los adultos admirarán la inventiva de este maestro.

Siguiendo con la ruta educativa y divertida, la **Galería de la Academia** es imperdible. Con la gigantesca estatua de David de Michelangelo como la joya de la corona, el museo se convierte en un recorrido inolvidable a través del arte y la historia. Para mantener a los más pequeños entretenidos, les encantará la búsqueda del tesoro temática que les permitirá descubrir las maravillas de este museo mientras se divierten.

Además, no es solo un lienzo de arte renacentista, también es una postal natural que invita a la exploración. Los **Jardines de Boboli**, un oasis verde en el corazón de la ciudad, es el lugar perfecto para un picnic familiar. Los niños pueden corretear por los laberintos de setos, buscar estatuas ocultas y disfrutar de los encantos de este rincón bucólico.

Sin embargo, si desean elevar la aventura a nuevos niveles, pueden optar por subir al **Campanario de Giotto**. Aunque puede ser un desafío con sus 414 escalones, la recompensa vale la pena: una vista panorámica de la ciudad que dejará a grandes y pequeños sin aliento.

No se puede hablar de esta hermosa ciudad sin mencionar su deliciosa gastronomía. Para aquellos amantes de la pizza y la pasta, los restaurantes locales ofrecen talleres de cocina para familias. En ellos, aprenderán a preparar auténticas delicias italianas mientras se divierten. Y si quieren endulzar aún más la experiencia, no pueden dejar de probar el famoso gelato italiano. **Las heladerías de Florencia** son verdaderos paraísos de sabores, con una variedad que satisface todos los paladares.

Para los pequeños amantes de la fauna, el **zoológico de Florencia** es el lugar perfecto. Hogar de diversas especies, tanto locales como exóticas, el zoológico promueve el respeto por la naturaleza y la educación ambiental.

Una visita al **Mercato Centrale** puede cerrar un día lleno de emociones. Este mercado ofrece una explosión de colores, aromas y sabores, donde pueden comprar desde frutas frescas hasta artesanías locales.

Florencia, un crisol de historia, cultura y belleza, ofrece una variedad de experiencias que la convierten en un destino familiar ideal. Cada callejuela, cada plaza y cada museo cuentan historias de un pasado glorioso que se entrelaza con la alegría de la vida contemporánea. Visitar esta mágica ciudad en familia no es solo un viaje a un destino emblemático, es una travesía enriquecedora, llena de aprendizaje, diversión y momentos inolvidables. No importa la edad, en la cuna del Renacimiento siempre hay algo nuevo que descubrir, un rincón que explorar y una historia que contar.

TRANSPORTE

Lo primero que debes saber es que, a pesar de ser la cuna de lo Renacentista, es una ciudad increíblemente moderna y eficiente en términos de movilidad. Cuando llegues, descubrirás una mezcla de viejo y nuevo, un mundo donde los caballos y carruajes del pasado conviven con vehículos eléctricos y vanguardistas.

Su centro histórico es compacto, lo que significa que puedes ir caminando de un sitio a otro. Podrías empezar en el Duomo, maravillarte con su grandiosidad, y luego, con solo un corto paseo, llegar a la Galería Uffizi para admirar algunas de las obras de arte más famosas del mundo.

Si la idea de caminar te resulta agotadora o simplemente deseas probar algo nuevo, entonces la bicicleta es tu mejor opción. Hay numerosos puntos de alquiler de bicicletas dispersos por la ciudad que brindan tanto alquileres por hora como por día. Podrías recorrer el Arno a ritmo lento, contemplando los puentes históricos y las fachadas de las casas que recuerdan a los días de gloria de la ciudad.

Y hablando de los puentes, ¿has pensado alguna vez en navegar por los ríos de una ciudad? Alquilar una pequeña embarcación para recorrer el río Arno es una forma excepcionalmente romántica y relajante de ver la ciudad. Puedes ver los famosos puentes de la ciudad desde una perspectiva completamente nueva y disfrutar de la tranquilidad del agua mientras la ciudad pasa lentamente a tu lado.

Para aquellos que prefieren una opción más moderna, el sistema de transporte público es confiable y eficiente. Los autobuses de ATAF recorren la ciudad y los billetes pueden comprarse en quioscos, tabaccherias (tiendas de tabaco) o incluso a través de una aplicación móvil. Además, la red de tranvías es una manera perfecta de moverse por la ciudad de manera rápida y eficiente. Y para los amantes de la tecnología, la ciudad también ha adoptado la tendencia de los scooters eléctricos. Puedes alquilar uno con tu smartphone y desplazarte de manera divertida y ecológica.

Y si la idea de un vehículo de cuatro ruedas te resulta atractiva, también ofrece numerosas opciones de alquiler de coches.

Ten en cuenta que el centro de la ciudad está restringido al tráfico (ZTL), así que será mejor que te estaciones a las afueras y continúes tu exploración a pie o en transporte público.

Para aquellos que deseen explorar la belleza que la Toscana tiene para ofrecer más allá, hay numerosas opciones de trenes y autobuses que te llevarán a ciudades cercanas como Siena, Lucca y Pisa.

La ciudad de la lira, te invita a explorarla a tu propio ritmo y de la manera que prefieras. Ya sea a pie, en bicicleta, en autobús o navegando por el río Arno, cada callejón de esta magnífica ciudad tiene una historia que contar, una obra maestra que descubrir y una experiencia para recordar.

ESTACIONES DEL AÑO
Y QUÉ EMPACAR

Primavera

Con la llegada de la primavera, se viste de colores y su aroma a flores se convierte en el compañero inseparable de cualquier paseo. Las temperaturas son suaves, aunque pueden caer por la noche, así que es aconsejable llevar una chaqueta ligera y un suéter. Un par de zapatos cómodos para caminar será fundamental, ya que te encontrarás a ti mismo perdido en callejones pintorescos y plazas llenas de vida. No olvides tu cámara, porque cada rincón de la ciudad merece ser capturado en su esplendor primaveral.

Verano

El verano florentino puede ser bastante caluroso y húmedo, por lo que tu equipaje debe incluir ropa ligera y transpirable. Shorts, camisetas, vestidos de algodón y sandalias serán tus aliados, pero no olvides un sombrero y crema solar para protegerte de los rayos del sol. Un abanico plegable puede ser un salvavidas en las calurosas tardes, especialmente si planeas hacer colas para visitar los principales atractivos turísticos. Mantén cerca una botella de agua, pues es importante mantenerte hidratado.

Otoño

Si la dorada luz del otoño es tu elección para admirar, prepárate para un clima fresco, pero variable. El equipamiento similar al de primavera es aconsejable, con la adición de un paraguas compacto, ya que puede haber lluvias ocasionales. El calzado impermeable puede ser útil, especialmente si planeas explorar los alrededores rurales de la Toscana. En esta época, los colores vibrantes de la ciudad se mezclan con los tonos cálidos del otoño, creando una paleta de colores que deslumbra a todo aquel que la presencia.

Invierno

Si has decidido visitar esta majestuosa ciudad en la plenitud del invierno, donde el frío se hace protagonista y las siluetas de los monumentos se recortan contra el cielo gris, deberás preparar tu maleta en consecuencia. No olvides tu abrigo más grueso, preferiblemente impermeable, pues las lluvias son frecuentes en estos meses. Un par de zapatos resistentes al agua también será esencial, así como guantes, bufandas y un sombrero o gorro para protegerse de las bajas temperaturas. Sin embargo, ten en cuenta que los edificios históricos, incluyendo las iglesias y los museos, están bien climatizados, por lo que te recomendamos vestirte en capas para poder adaptarte fácilmente a los cambios de temperatura.

Esenciales Durante Todo el Año

Además de la vestimenta, algunos elementos son esenciales independientemente de la temporada. Un mapa de la ciudad o un dispositivo con acceso a Internet te ayudará a moverte por la ciudad. Un cuaderno y un bolígrafo para apuntar tus impresiones y experiencias puede ser un recuerdo invaluable, y por supuesto, no te olvides de un buen libro para disfrutar en los numerosos cafés y plazas de la ciudad.

Pero más allá de todo lo físico que puedas empacar, ven preparado para dejarte seducir por la cultura y la belleza de la ciudad, para sumergirte en su historia y su arte, para perderte en sus calles y para encontrarte a ti mismo en la magnificencia de esta ciudad eterna. Recuerda que la mejor manera de disfrutar de un viaje es con la mente y el corazón abiertos, listos para apreciar y aprender.

CAMBIO DE DIVISAS

Al pisar suelo italiano, el primer encuentro con la moneda local, el euro, suele ocurrir en el aeropuerto. Los aeropuertos ofrecen servicios de cambio de moneda, pero es recomendable cambiar solo la cantidad necesaria para las primeras horas en Florencia. Las tasas de cambio en los aeropuertos suelen ser menos favorables en comparación con las de la ciudad.

Distribuidas en la trama urbana, tanto en las arterias principales como en las esquinas menos transitadas, las casas de cambio pueden ser una opción segura y práctica. Recuerda siempre comparar la tasa de cambio, las comisiones y las tarifas que se aplican antes de realizar una transacción.

En la panorámica Piazza della Repubblica, puedes encontrar diversas casas de cambio. Sin embargo, esta plaza de elegantes cafeterías y carruseles encantados puede esconder casas de cambio con tasas menos competitivas. No te dejes seducir por la conveniencia de su ubicación sin antes haber comparado los tipos de cambio.

Un oasis para los cambistas puede ser la Vía Por Santa María, un camino serpenteante que se extiende desde el Ponte Vecchio hasta la Piazza della Signoria. Aquí, la competencia entre las casas de cambio suele favorecer al viajero. No te dejes intimidar por la aparente confusión: cada casa de cambio suele mostrar su tasa de cambio y cualquier comisión en un lugar visible. El personal es generalmente amable y dispuesto a responder a cualquier pregunta.

Mientras te deslizas por la Via dei Calzaiuoli, la arteria comercial de la ciudad, verás que las casas de cambio se entremezclan con las tiendas de moda y las boutiques de joyería. La constante actividad turística de esta vía puede ofrecer algunas de las mejores tasas de cambio, especialmente si estás dispuesto a regatear un poco. Aunque regatear no es común en las casas de cambio de algunas ciudades, puede ser aceptable, especialmente si estás cambiando una cantidad considerable de dinero.

En la Via dell'Anguillara, a un tiro de piedra del Museo di Leonardo, las casas de cambio te invitan a explorar un poco más allá de las calles más transitadas. Algunas de estas empresas familiares llevan décadas en el negocio, prestando un servicio personalizado y confiable, aunque sus tasas puedan no ser las más bajas de la ciudad.

Si eres de los que prefieren la comodidad digital, varias casas de cambio en Florencia tienen la opción de reservar una tasa de cambio en línea y recoger tu dinero más tarde. Esto puede ahorrarte tiempo, y te permitirá comparar tasas sin tener que recorrer toda la ciudad.

Aunque es una ciudad segura, es importante tener precaución cuando cambies dinero. Evita contar tu dinero en la calle y verifica dos veces cualquier transacción antes de alejarte de la ventanilla. Mantén siempre tu dinero en un lugar seguro, y recuerda que las tarjetas de crédito y débito son ampliamente aceptadas en Florencia, por lo que no es necesario llevar grandes cantidades de efectivo.

Una última recomendación es siempre guardar tus recibos de cambio de moneda. En caso de cualquier discrepancia, estos pequeños pedazos de papel pueden ser tu mejor defensa. También pueden ser útiles si decides cambiar de nuevo los euros no gastados a tu moneda original antes de abandonar la ciudad del lirio.

Al navegar por el mundo del cambio de moneda en Florencia, es fácil verse abrumado. Sin embargo, con un poco de investigación, un toque de precaución y un espíritu aventurero, puedes hacer de esta necesidad práctica una parte más de tu gran aventura italiana. Con cada euro bien cambiado, estás un paso más cerca de esa copa de Chianti junto al río Arno, o de ese recuerdo inolvidable de una tienda de cuero en el Mercato Nuovo. Después de todo, no solo es un lugar para apreciar el arte y la historia, sino también para aprender y crecer como viajero.

Printed in Great Britain
by Amazon

28810824R00076